1 Ernährung bei TCM - Lunge - Qi Mangel

Diese Empfehlungen bitte immer mit dem TCM-Ernährungsberater/in, oder TCM-Arzt/in absprechen! Die Rezepte und Zutatenlisten unterstützen die Therapien nach der Traditionellen Chinesischen Medizin.

Die Kalorienangaben frischer Zutaten (Obst und Gemüse) schwanken je nach Qualität und Erntezeit. Die Inhalte wurden von einer Diätologin und einer Ernährungsberaterin für die Traditionelle Chinesische Medizin (TCM) geprüft.

Autor & Design:
©2016 Josef Miligui
www.ebns.at

Quelle:
Die Listen werden aus der TCME-Datenbank für die Ernährungsberatung generiert. Die Datenbank wird von Ernährungsberater, Therapeuten, Ärzte und Gastronomiebetrieben für die Beratung der Patienten/Klienten und Gästen verwendet.

Literaturliste:
Wir haben die Unterlagen als Wissensbasis genutzt und an unsere Erfahrungen angepasst und ergänzt.
http://ebns.at/index.php/de/datenbank/literaturliste

Herstellung und Verlag:
BoD – Books on Demand, Norderstedt
ISBN: 9783741281556

TCM - Ernährung bei- TCM - Lunge - Qi Mangel

(Buch: 228)

2 Definition der möglichen Symptome

Befragen
  Allgemein
    Häufige Erkältungskrankheiten
    Abneigung gegen kalte Speisen
  Atmung
    Ältere Menschen - oft flache Atmung
  Energie
    Müdigkeit
  Husten
    PE, wochenlanges Husten nach Erkältung
  Kälteempfinden
    Abneigung gegen Kälte
  Lebensgewohnheiten
    Zuviel sitzen
    Zuviel liegen
    Viel reden
  Medikamente
    Immer wieder Antibiotika
  Psyche
    Zu viel Trauer, chron. Traurigkeit
  Schwitzen
    Leichter Schweißfilm, ohne Anstrengung, spontanes Schwitzen tagsüber
  Stimme
    Schwache leise Stimme, nicht sprechen wollen

Betrachten
  Gesicht
    Helles, weißes Gesicht
  Sputum (Absonderungen aus den Bronchien)
    Dünn, wässrig

Pulsdiagnostik
  Puls
    Schwacher, leerer Puls, besonders an der Lungenposition

Zungendiagnostik
  Zunge

Blass, dünner weißer Belag, ev. Delle (Mangel) oder Schwellung (Fülle) im ersten Drittel

1 Ernährung bei TCM - Lunge - Qi Mangel 1
2 Definition der möglichen Symptome 2
3 Therapiestrategie 5
4 Vermeiden 5
5 Speiseplan 5
   5.1 Frühstück 5
   5.2 Jause 6
   5.3 Mittag 6
   5.4 Nachmittag 7
   5.5 Abend 7
   5.6 Jederzeit 8
6 Rezepte 9
   6.1 Acht Schätze Reis 9
   6.2 Basmatireis + Zucchini-Tofupfanne 9
   6.3 Beuschel 10
   6.4 Birnen Kompott 11
   6.5 Birnensaft 12
   6.6 Dicke Erbsensuppe für den Winter 12
   6.7 Erbsengericht 13
   6.8 Fenchel-Kartoffel-Auflauf 14
   6.9 Geröstete Haferflocken mit Weintraubenkompott 14
   6.10 Grundrezept für eine Gemüsebrühe nahrhaft 15
   6.11 Hirse mit Ei und Butter 16
   6.12 Hirsebrei mit gedünsteten Birnen 16
   6.13 Hühnersuppe mit Angelikawurzel und Bocksdornfrüchten 17
   6.14 Hülsenfrüchte 17
   6.15 Humus 18
   6.16 Indische Dalsuppe 19
   6.17 Japanische Algensuppe 20
   6.18 Karpfensuppe 20
   6.19 Kichererbsengemüse mit Rosinen 21
   6.20 Klare Brühe aus Gänseklein 22
   6.21 Klare Ochsenschwanzsuppe mit Bocksdornfrüchten 23
   6.22 Klassisches Ingwerhuhn mit Reiswein 23
   6.23 Kompott aus Birnen 24
   6.24 Lammgeschnetzeltes mit Rosmarinkartoffeln 25
   6.25 Lauchsuppe mit Mandelmus 26
   6.26 Linsen-Reis-Eintopf 26
   6.27 Mungobohnen-Eintopf 27

6.28	Nierenbohneneintopf mit Lamm und Salbei	28
6.29	Polenta mit Spiegelei	28
6.30	Putenbrust mit Gemüse (Asiatisch)	29
6.31	Quinoa mit Pfirsich	30
6.32	Rasche Flocken mit Kompott oder Marmelade	30
6.33	Reis mit gedämpftem Gemüse	31
6.34	Reis-Congee mit Honigbirne und schwarzem Sesam	32
6.35	Reis-Congee mit Karotten und Fenchel	32
6.36	Reis-Congee mit Trockenfrüchten	33
6.37	Reis-Congee mit zerstoßenen Walnüssen	33
6.38	Reis-Dulse-Suppe	34
6.39	Reisnudelsuppe mit Shiitakepilzen	34
6.40	Reissuppe mit frischen Früchten	35
6.41	Reissuppe mit geraspelten Karotten und frischen Kräutern	35
6.42	Rettichgemüse mit Frühlingszwiebeln und Karotten	36
6.43	Rettichgemüse mit Meerrettich	37
6.44	Rinderkraftbrühe	37
6.45	Rindfleischsuppe mit buntem Gemüse und Pilzen	38
6.46	Rindfleischsuppe mit Karotten, Lauch, Lorbeer	39
6.47	Schwarzaugenbohnen-Eintopf	40
6.48	Süße Polenta mit Pfirsich	40
6.49	Süßreis mit Äpfel	41
6.50	Tafelspitz nach klassischer Art	42
6.51	Tee Longanetee	43
6.52	Tee Thymian-Tee	43
6.53	Tee Zimt	43
6.54	Wärmender Haferflockenbrei	44
7	Wirkung der Lebensmittel	44
7.1	Zutaten verwenden: empfehlenswert	44
7.2	Zutaten verwenden: ja	47
7.3	Zutaten verwenden: wenig	49
7.4	Kontraindikativ wirkende Lebensmittel nicht verwenden	51
8	Therapeutische Kräuter und deren Wirkungen	53
9	Kräuter aus den Rezepten und deren Wirkungen	53
9.1	Basilikum	53
9.2	Beifuß	53
9.3	Bohnenkraut	53
9.4	Koriander	53
9.5	Kresse	53
9.6	Lauchzwiebel Schnittlauch	54
9.7	Liebstöckel	54
9.8	Lilienzwiebel	54
9.9	Majoran	54

9.10 Makannasternsamen	54
9.11 Oregano frisch	54
9.12 Petersilie	54
9.13 Rosmarin	54
9.14 Salbei	54
9.15 Thymian getrocknet	55
9.16 Yamswurzel, Yamswurzelknolle	55
9.17 Zitronenmelisse (frisch)	55
10 Grundlagen der Ernährung	56
10.1 Ernährung	56
10.2 Rezepte	58
10.2.1 Rezepte nach Folge der Elemente kochen	59
10.3 Lebensmittel	59
10.4 Kräuter	61
11 Weitere Ernährungsvorschläge	62
12 EBNS - Software für die Ernährungsberatung	65

3 Therapiestrategie

Lu-Qi Aufbau, Mitte stärken, Niere stärken. - heiß WENIG, warm u neutral JA, erfrischend WENIG, kalt NEIN

4 Vermeiden

Alles was Milz schwächt, Zucker, denaturiertes (Tiefkühlkost), Südfrüchte u Rohkost, Joghurt, Eis, kalte Nahrungsmittel oder Getränke, Milchprodukte, schwarzer Tee, Kaffee, Fabrikszucker

5 Speiseplan

Kalorien

5.1 Frühstück

Birnensaft	180
Dicke Erbsensuppe für den Winter	123
Erbsengericht	406
Geröstete Haferflocken mit Weintraubenkompott	328
Hirse mit Ei und Butter	338
Hülsenfrüchte	31
Kichererbsengemüse mit Rosinen	429
Kompott aus Birnen	122

Lauchsuppe mit Mandelmus	115
Polenta mit Spiegelei	410
Quinoa mit Pfirsich	247
Rasche Flocken mit Kompott oder Marmelade	231
Reis-Congee mit Honigbirne und schwarzem Sesam	158
Reis-Congee mit Karotten und Fenchel	131
Reis-Congee mit Trockenfrüchten	210
Reis-Congee mit zerstoßenen Walnüssen	406
Reis-Dulse-Suppe	190
Reisnudelsuppe mit Shiitakepilzen	65
Reissuppe mit frischen Fruchten	143
Rettichgemüse mit Meerrettich	196
Rinderkraftbrühe	124
Rindfleischsuppe mit buntem Gemüse und Pilzen	142
Süße Polenta mit Pfirsich	330
Süßreis mit Äpfel	155
Tee Zimt	2
Wärmender Haferflockenbrei	357

5.2 Jause

Hirsebrei mit gedünsteten Birnen	235
Humus	542

5.3 Mittag

Acht Schätze Reis	212
Basmatireis + Zucchini-Tofupfanne	145
Beuschel	198
Birnensaft	180
Dicke Erbsensuppe für den Winter	123
Erbsengericht	406
Fenchel-Kartoffel-Auflauf	137
Hirse mit Ei und Butter	338
Hühnersuppe mit Angelikawurzel und Bocksdornfrüchten	77
Hülsenfrüchte	31
Humus	542
Indische Dalsuppe	255
Japanische Algensuppe	47
Karpfensuppe	499
Kichererbsengemüse mit Rosinen	429
Klare Brühe aus Gänseklein	334
Klare Ochsenschwanzsuppe mit Bocksdornfrüchten	217
Klassisches Ingwerhuhn mit Reiswein	357

Kompott aus Birnen 122
Lammgeschnetzeltes mit Rosmarinkartoffeln 461
Lauchsuppe mit Mandelmus 115
Linsen-Reis-Eintopf 232
Mungobohnen-Eintopf 665
Nierenbohneneintopf mit Lamm und Salbei 391
Polenta mit Spiegelei 410
Putenbrust mit Gemüse (Asiatisch) 535
Reis mit gedämpftem Gemüse 92
Reis-Congee mit Trockenfrüchten 210
Reis-Dulse-Suppe 190
Reisnudelsuppe mit Shiitakepilzen 65
Reissuppe mit frischen Fruchten 143
Reissuppe mit geraspelten Karotten und frischen Kräutern 131
Rettichgemüse mit Frühlingszwiebel und Karotten 246
Rettichgemüse mit Meerrettich 196
Rinderkraftbrühe 124
Rindfleischsuppe mit buntem Gemüse und Pilzen 142
Rindfleischsuppe mit Karotten, Lauch, Lorbeer 194
Schwarzaugenbohnen-Eintopf 140
Tafelspitz nach klassischer Art 453
Tee Zimt 2
Wärmender Haferflockenbrei 357

5.4 Nachmittag

Hirsebrei mit gedünsteten Birnen 235
Humus 542

5.5 Abend

Basmatireis + Zucchini-Tofupfanne 145
Birnensaft 180
Dicke Erbsensuppe für den Winter 123
Erbsengericht 406
Fenchel-Kartoffel-Auflauf 137
Hühnersuppe mit Angelikawurzel und Bocksdornfrüchten 77
Indische Dalsuppe 255
Japanische Algensuppe 47
Karpfensuppe 499
Kichererbsengemüse mit Rosinen 429
Klare Brühe aus Gänseklein 334
Klare Ochsenschwanzsuppe mit Bocksdornfrüchten 217
Klassisches Ingwerhuhn mit Reiswein 357

Kompott aus Birnen 122
Lammgeschnetzeltes mit Rosmarinkartoffeln 461
Lauchsuppe mit Mandelmus 115
Linsen-Reis-Eintopf 232
Mungobohnen-Eintopf 665
Nierenbohneneintopf mit Lamm und Salbei 391
Polenta mit Spiegelei 410
Putenbrust mit Gemüse (Asiatisch) 535
Quinoa mit Pfirsich 247
Reis mit gedämpftem Gemüse 92
Reis-Congee mit Honigbirne und schwarzem Sesam 158
Reisnudelsuppe mit Shiitakepilzen 65
Reissuppe mit geraspelten Karotten und frischen Kräutern 131
Rettichgemüse mit Frühlingszwiebel und Karotten 246
Rinderkraftbrühe 124
Rindfleischsuppe mit buntem Gemüse und Pilzen 142
Rindfleischsuppe mit Karotten, Lauch, Lorbeer 194
Schwarzaugenbohnen-Eintopf 140
Tafelspitz nach klassischer Art 453
Tee Zimt 2

5.6 Jederzeit

Birnensaft 180
Kompott aus Birnen 122
Reis-Congee mit Honigbirne und schwarzem Sesam 1 58
Reis-Congee mit Karotten und Fenchel 131
Reis-Congee mit zerstoßenen Walnüssen 406
Süße Polenta mit Pfirsich 330
Tee Zimt 2

6 Rezepte

empfehlenswert = Sie können mehr verwenden, weniger = wenn möglich weniger verwenden.
TL=Teelöffel, EL=Esslöffel, L=Liter, g=Gramm
M=Metall, W=Wasser, H=Holz, F=Feuer, E=Erde.
(Die Kochanleitung nach den Elementen finden Sie im Kapitel „Rezepte" am Ende des Buches.)

6.1 Acht Schätze Reis

Stärkt Niere und Blase, Baut Qi auf, Stärkt die Milz, Vertreibt Feuchtigkeit, reduziert innere Hitze, beugt Krebs vor, baut Herz auf, beruhigt Nerven.
Kalorien p. Portion 212
Kochdauer ca. 1 Stunde
Thermische Wirkung: neutral

Menge	Zutaten		
1 EL	Lilienzwiebel	empfehlenswert	
1 EL	Longane	wenig	
1 EL	Weißwurz		
1 EL	Yamswurzel, Yamswurzelknolle		
1 EL	Hiobsträne (Samen) YiYi Ren	wenig	
1 EL	Makannasternsamen		
2 Tassen	Reis Wilder (Naturreis)	ja	M
8-10 Tassen	Wasser	ja	E

Kochanleitung:
Je 1 EL: Bai He (Lilienzwiebel), Longan (Longane/Drachenaugenfrucht), Yu Zhu (Wohlriechender Weißwurz-Wurzelstock), Da Zao, Shan
Yao (Yamswurzel, Yamswurzelknolle), Lian Mi, Yi Yi Ren (Samen der Hiobsträne), Qian Shi (Makannasternsamen)

Mit heißem Wasser übergießen und ca. 30 Min einweichen.
Anschließend: 1 – 2 Tassen Reis (normal) hinzufügen und ½ bis 1 Stunde köcheln, bis der Reis sehr weich ist. Oder: Mit Vollwertreis ca. 3 Stunden lang mit den Kräutern ein Congee kochen. Dann müssen die Kräuter nicht eingeweicht werden.

6.2 Basmatireis + Zucchini-Tofupfanne

Diuretisch, wandelt Schleim um, reduziert Hitze, baut Qi auf. Nährt Säfte, harmonisiert Milz und Magen, stärkt Lungen Qi.
Kalorien p. Portion 145
Kochdauer ca. 20 min.

Thermische Wirkung: kühl

Menge	Zutaten		
250 g.	Soja Tofu	wenig	E
2 EL	Olivenöl	wenig	E
1/2 TL	Koriander	empfehlenswert	M
1/2 TL	Ingwer frisch	empfehlenswert	M
1/2 Tasse	Reis Basmatireis		M
3 Tassen	Wasser	ja	E
1 Stück	Zucchini	ja	E

Kochanleitung:
Tofu würfelig schneiden und mit Olivenöl, Tamari, zerstoßenem Koriander und Ingwer marinieren. Mindestens 1 Stunde ziehen lassen.

Basmatireis mit dem Wasser kochen. Eventuell mit Zwiebel und Kardamom würzen.
Zucchini und Tofu in Pfanne im heißem Öl ca. 5-7 min anrösten.
Reis und Tofu mit Zucchini getrennt auf Teller servieren.
Petersilie dazugeben.

Kann kalt auch als Salat für zuhause und unterwegs genommen werden.

6.3 Beuschel

Nährt und stärkt Lunge. Stärkt Qi.
Kalorien p. Portion 198
Kochdauer ca. 1 1/2 Stunden
Thermische Wirkung: warm

Menge	Zutaten		
900 g.	Rind Lunge (Kalb)	ja	E
50 g.	Sellerie Knolle	empfehlenswert	E
20 g.	Lauch (Porree)	empfehlenswert	M
50 g.	Pastinake	empfehlenswert	F
50 g.	Karotte (Mohrrübe, Möhre)	empfehlenswert	E
50 g.	Petersilienwurzel		E
1 Stück	Zwiebel weiss	ja	M
1 Blatt	Lorbeerblatt		M
5 Stk.	Pfeffer Körner	ja	M
2 Zweige	Thymian	empfehlenswert	W
1 Zehe	Knoblauch	wenig	M
1 TL	Salz	wenig	W
1 Prise	Pfeffer (gemahlen)	ja	M
2 Liter	Wasser	ja	E
1/4	Zitrone	weniger als angegeben	H
1 Stück	Zwiebel weiss	ja	M
2 Stück	Essiggurke		H

Menge	Zutaten		
6 Stück	Kapern (eingelegt)		F
1 File	Sardellen/Sardine (in Öl eingelegt)	wenig	W
1 TL	Petersilie	empfehlenswert	H
1 Prise	Majoran	ja	M
1 Stück	Zitrone Schale gerieben	wenig	F
60 g.	Butter Bio	empfehlenswert	E
40 g.	Weizen Mehl	wenig	H
1 EL	Essig (Apfelessig)	wenig	H
1 TL	Senf		M
1 TL	Zucker (weiß, aus Rüben)	weniger als angegeben	E
1 TL	Paprika (süß)		E
1 TL	Majoran	ja	M

Kochanleitung:
Lunge waschen. Wurzelwerk putzen, waschen, in Stücke schneiden. Lunge in 2 Liter Wasser mit Salz, Lorbeerblatt, einigen Pfefferkörnern, Thymian, der ganzen, geschälten Zwiebel, der Knoblauchzehe und dem Wurzelwerk zugedeckt kochen, nach 20 min wenden. Tritt bei einem Gabeleinstich kein heller Tropfen mehr aus, die Lunge (Beuschel) herausnehmen, in kaltes Wasser legen. Den Sud abseihen, einkochen lassen. Lunge dann in nicht zu dünne Blätter, diese in feine Nudeln schneiden. Mit Salz, Pfeffer, Saft einer Viertel Zitrone vermengen und beiseite stellen.

Sauce: Die kleine Zwiebel, Essiggurken, sechs Kapern, Sardellenfilets, Petersilie, Schale einer Viertel Zitrone und etwas Majoran sehr fein hacken. In zerlassener Butter Mehl dunkelbraun rösten, das Feingehackte dazugeben und kurz weiterrösten. Mit Essig abschrecken, mit dem Sud aufgießen, mit dem Schneebesen gut durchrühren, ca. 20 min sanft köcheln lassen. Das geschnittene Beuschel beigeben, mit Senf, Zucker pikant abschmecken, nach Geschmack Rosenpaprika und Majoran dazugeben und nochmals eine Viertelstunde ziehen lassen. Mit Servietten- oder Semmelknödeln servieren.

6.4 Birnen Kompott

Befeuchtet Lunge, reduziert Lungenschleim, nährt Lungen Qi.
Kalorien p. Portion 100
Kochdauer ca. 20
Thermische Wirkung: kühl
Therapeutisches Rezept

Menge	Zutaten		
2 Tassen	Wasser	ja	E
4	Birne	empfehlenswert	E

Kochanleitung:
Bio-Birnen halbieren. Kerne und Haut können verwendet werden. Birne in den Topf geben und Wasser dazu. Bis zu 20 min köcheln, bis Birnen weich sind.

6.5 Birnensaft

Befeuchtet Lunge, reduziert Lungenschleim, nährt Lungen Qi.
Kalorien p. Portion 180
Kochdauer ca. 5 min.
Thermische Wirkung: kühl

Menge	Zutaten		
3 Stück	Birne	empfehlenswert	E

Kochanleitung:
Birnen dünn schälen (Vitamine unter der Schale) und entkernen. In der Saftpresse entsaften.

6.6 Dicke Erbsensuppe für den Winter

Nährt Qi, diuretisch, harmonisiert Qi (v.a. im Mittleren und Unteren Erwärmer). Stärkt die Niere und das Abwehr-Qi; erwärmt. Leitet Feuchtigkeit aus.
Kalorien p. Portion 123
Kochdauer ca. 2-3 Stunden
Thermische Wirkung: warm

Menge	Zutaten		
150 g.	Erbse, grün	empfehlenswert	W
600 ml.	Wasser	ja	E
1 EL	Sesamöl	empfehlenswert	E
1/2 Stück	Zwiebel weiss	ja	M
1/2 TL	Ingwer frisch	empfehlenswert	M
1/2 TL	Kümmel		E
1 EL	Hafer Schrot	ja	M
1 Prise	Salz	wenig	W
1 Stängel	Petersilie	empfehlenswert	H

Kochanleitung:
Erbsen vorher einweichen; in einem heißen Topf Sesamöl, Zwiebel, etwas Haferschrot, Ingwer und Kümmel andünsten; Erbsen zugeben und 2-3 Stunden köcheln; am Schluss Salz zugeben; mit Petersilie garnieren.

6.7 Erbsengericht

Stärken die Mitte, diuretisch, harmonisiert Qi (v.a. im Mittleren und Unteren Erwärmer), entgiftet, weicht auf, leitet nach unten. Stärkt Blut, Yin und Jing, nährt Yin, befeuchtet bei innerer Trockenheit.
Kalorien p. Portion 406
Kochdauer ca. 1-2 Stunden
Thermische Wirkung: neutral

Menge	Zutaten		
150 g.	Erbsen (getrocknete)	empfehlenswert	W
1 Stück	Zitrone	weniger als angegeben	H
5 Stück	Wacholderbeere	wenig	F
1 TL	Sonnenblumenöl	empfehlenswert	E
1 Prise	Pfeffer weiss (gemahlen)	ja	M
3 Blatt	Lorbeerblatt		M
1 Stück	Zwiebel weiss	ja	M
1 TL	Thymian	empfehlenswert	W
1/2 TL	Ingwer frisch	empfehlenswert	M
1 Stück	Huhn Ei	empfehlenswert	E
3 cm.	Wakame	wenig	W
1 Prise	Salz	wenig	W
nach Geschmack	1 Schuss Sojasauce	weniger als angegeben	W

Kochanleitung:
150 g getrocknete Erbsen in reichlich kaltem Wasser mehrere Stunden oder über Nacht einweichen.

Danach: Einweichwasser wegschütten und Erbsen gründlich waschen; die Erbsen mit etwa 1 1/2 l kaltem Wasser aufsetzen und zum Kochen bringen; ohne Deckel 5 Minuten kochen lassen; den Schaum, der sich bildet, abschöpfen; erst dann folgende Zutaten zugeben: eine Zitronenscheibe, 5 Wacholderbeeren, 1 TL Öl, 3- 4 Pfefferkörner, 3 Lorbeerblätter, 1 kleingeschnittene Zwiebel, 1 TL getrockneten Thymian, 1 TL kleingeschnittenen Ingwer, etwa 2 Streifen Wakame oder 1 EL Hijiki mit geschlossenem Deckel auf kleinster Flamme 1 - 2 Stunden köcheln lassen; nach 1 Stunde probieren, ob die Erbsen schon weich sind, denn die Garzeit verändert sich mit der Einweichzeit und dem Lageralter; wenn die Erbsen gar sind, Zitronenscheibe, Wacholderbeeren und Pfefferkörner entfernen; mit Salz, Sojasoße, Zitronensaft abschmecken.

Hinweis: Das Gericht kann 3- 4 Tage im Kühlschrank aufbewahrt und portionsweise erwärmt werden.
Dazu passt: in Wasser gedünstetes knackiges Gemüse, Reis oder Hirse.

6.8 Fenchel-Kartoffel-Auflauf

Reguliert Qi, wärmt das Innere, senkt Kälte ab, stärkt Magen, lindert Obstipation, stärkt Yang, löst Schleim, reduziert Wind, verteilt. Stärkt Qi, stärkt Milz, entspannt, baut Qi auf, verteilt.
Kalorien p. Portion 137
Kochdauer ca. 1 Stunde
Thermische Wirkung: warm

Menge	Zutaten		
200 g.	Fenchel	empfehlenswert	E
125 g.	Kartoffel	empfehlenswert	E
100 ml.	Wasser	ja	E
1 TL	Butter Bio	empfehlenswert	E
2 TL	Reismehl	ja	M
1 TL	Sahne sauer 10%		H
1 Prise	Salz	wenig	W
1 Prise	Zucker Ursüße (Zuckerrohr) süß	wenig	E
1 Stück	Huhn Eigelb		E
1 Prise	Pfeffer Cayenne	ja	M
1 Prise	Muskatnuss	wenig	M
1 TL	Petersilie	empfehlenswert	H
1 TL	Lauchzwiebel Schnittlauch	empfehlenswert	M
1 TL	Parmesan	weniger als angegeben	E
1 TL	Butter Bio	empfehlenswert	E

Kochanleitung:
Pellkartoffeln kochen, abkühlen lassen und schälen. Fenchel waschen, Stiele abschneiden und evtl. äußere Blätter entfernen.
Fenchelgrün zurückhalten und später mit den anderen Kräutern zur Soße geben. Fenchelknollen ca. 15 – 20 Minuten dünsten. Danach Kartoffeln und Fenchel in Scheiben schneiden und schichtweise in eine gefettete Auflaufform geben.100ml. Flüssigkeit aus Fenchelbrühe zum Kochen bringen und mit Mehl binden. Mit Meersalz, Cayennepfeffer, Zucker, Muskat und saurer Sahne abschmecken.
Abkühlen lassen und mit Eigelb legieren. Die Soße über den Auflauf verteilen, mit Parmesan und fein gehackter Petersilie und Schnittlauch bestreuen. Alles bei ca. 200° C im Backofen eine halbe Stunde überbacken.

6.9 Geröstete Haferflocken mit Weintraubenkompott

Befeuchtet, entspannt, baut Qi auf, verteilt. Stärkt Qi. Erwärmt Magen und Milz, fördert Durchblutung und Leitbahnfluss, lindert Kälte-Übel und Schmerzen.
Kalorien p. Portion 328
Kochdauer ca. 25 Min.

Thermische Wirkung: warm

Menge	Zutaten		
1 Tasse	Hafer Flocken geröstet	empfehlenswert	M
2 Tassen	Trauben rot	empfehlenswert	E
1/2 TL	Ingwer frisch	empfehlenswert	M
2 EL	Rosinen	ja	E
1 Prise	Zimtpulver	empfehlenswert	M
2 Tassen	Wasser	ja	E

Kochanleitung:
Haferflocken kurz anrösten, mit Wasser übergießen, Rosinen dazugeben und 20 min. kochen. Trauben, Ingwer und Zimt zugeben.

6.10 Grundrezept für eine Gemüsebrühe nahrhaft

Stärkt Milz und Lunge, reguliert Qi-Fluss, baut Qi auf, trocknet aus, leitet nach unten. Stärkt Magen-Qi.
Kalorien p. Portion 47
Kochdauer ca. 2-3 Stunden
Thermische Wirkung: neutral

Menge	Zutaten		
1 EL	Olivenöl	wenig	E
1 Stück	Zwiebel weiss	ja	M
3 Stück	Karotte (Mohrrübe, Möhre)	empfehlenswert	E
150 g.	Pastinake	empfehlenswert	F
1 Tasse	Sellerie Knolle	empfehlenswert	E
1/2 TL	Ingwer frisch	empfehlenswert	M
1/2 Stück	Zitrone	weniger als angegeben	H
6 Stück	Wacholderbeere	wenig	F
1 Prise	Thymian getrocknet		M
1 EL	Liebstöckel	empfehlenswert	M
2 Blätter	Lorbeerblatt		M
1 Prise	Salz	wenig	W
3/4 Liter	Wasser	ja	E

Kochanleitung:
Gemüse würfelig schneiden. In heißem Topf Öl erhitzen, Zwiebel und Gemüse anbraten, Ingwer und Lorbeer dazugeben. Mit kaltem Wasser aufgießen, Zitronensaft zugeben. Mit Wacholder, Thymian und Liebstöckel würzen. 2 – 3 Stunden auf kleiner Flamme zugedeckt köcheln. Das verwendete Gemüse soll weggeworfen werden. Das Grundrezept dient als Suppengrundlage und zur Verfeinerung von Gemüse, Hülsenfrüchte oder Getreide. Wollen Sie gleich Gemüsesuppe essen, geben Sie eine halbe Stunde vorher das gewünschte Gemüse dazu.

6.11 Hirse mit Ei und Butter

Stärkt Blut, Yin und Jing, nährt Yin, befeuchtet bei innerer Trockenheit, stärkt Blut, stärkt Milz, beruhigt Nerven und Magen. Stärkt Milz und Niere, diuretisch. Stärkt Qi und Nieren-Jing, befeuchtet, entspannt, baut Qi auf, verteilt.
Kalorien p. Portion 338
Kochdauer ca. 25 Min.
Thermische Wirkung: kühl

Menge	Zutaten		
1 Tasse	Hirse	wenig	E
1/2 TL	Ingwer frisch	empfehlenswert	M
1 Prise	Salz	wenig	W
2 EL	Petersilie	empfehlenswert	H
1 Prise	Rosenpaprika		F
2 Stück	Huhn Ei	empfehlenswert	E
2 EL	Butter Bio	empfehlenswert	E
1 Prise	Muskatnuss	wenig	M
2 Tassen	Wasser	ja	E

Kochanleitung:
Die Hirse mit dem Ingwer und Muskatnuss im Wasser kochen. 1 weiches Ei pro Person kochen und schälen; die Hirse auf Tellern auftürmen und je 1 Ei in eine Mulde im Hirseberg legen; Butterflöckchen darübergeben. Mit gehackter Petersilie und dem Rosenpaprika bestreuen.

6.12 Hirsebrei mit gedünsteten Birnen

Befeuchtet Lunge, kühlt Hitze, reduziert Lungenschleim, produziert Körpersäfte, befeuchtet, entspannt, baut Qi auf, verteilt. Stärkt Milz und Niere, diuretisch.
Kalorien p. Portion 235
Kochdauer ca. 25 Min.
Thermische Wirkung: kühl

Menge	Zutaten		
1 Tasse	Hirse	wenig	E
2 Tassen	Wasser	ja	E
1 Prise	Kardamom		M
1-2 Stk. Bio	Birne	empfehlenswert	E
1 Prise	Salz	wenig	W
1/4 Liter	Traubensaft rot	empfehlenswert	E
1 Prise	Zimtpulver	empfehlenswert	M
2 Stück	Nelke	ja	M
1 EL	Zitrone Saft	weniger als angegeben	H

Kochanleitung:
Hirse unter ständigen rühren rösten bis sie duftet, Topf kurz abkühlen. 2 Tassen heißes Wasser u. Gewürze dazugeben, auf kl. Flamme zugedeckt, mit dem Kardamom und einer Prise Salz 20 min. köcheln lassen.
1-2 biol. Birnen vierteln, Kerngehäuse entfernen, auf Wunsch schälen, cirka ¼ L roten Traubensaft, restl. Zutaten (Zimtstange ,Nelken, Zitronensaft und eine Prise Salz) dazugeben und einige Minuten zugedeckt weich dünsten.

6.13 Hühnersuppe mit Angelikawurzel und Bocksdornfrüchten

Stärkt Milz und nährt das Blut und das Yin der Leber. Stärkt Qi und Blut; ist sehr wärmend.
Kalorien p. Portion 77
Kochdauer ca. 1 1/2 Stunden
Thermische Wirkung: warm

Menge	Zutaten
1/2 Liter	Grundrezept für eine Hühnerbrühe wärmend
5 g.	Angelikawurzel
50 g.	Bocksdornfrüchte (Fructus Lycii) getrocknet............H

Kochanleitung:
Hühnerbrühe laut Grundrezepte. In den letzten 40 Minuten Angelikawurzel und Bocksdornfrüchte mitkochen.

Einnahme: Täglich 2-3 Tassen Brühe trinken.

6.14 Hülsenfrüchte

Stärkt Milz und Leber, reguliert Qi-Fluss, befeuchtet, entspannt, baut Qi auf, verteilt. Nährt Blut und Qi, diuretisch, harmonisiert Qi (v.a. im Mittleren und Unteren Erwärmer), entgiftet. Reduziert innere Hitze und Feuchtigkeit.
Kalorien p. Portion 31
Kochdauer ca. 30 Min.
Thermische Wirkung: neutral

Menge	Zutaten		
100 g.	Pintobohnen gesprenkelt	empfehlenswert	W
50 g.	Linsen (Helmbohnen)	empfehlenswert	W
50 g.	Erbse, grün	empfehlenswert	W
1 Liter	Wasser	ja	E
1 Scheibe	Zitrone	weniger als angegeben	H
5 Stück	Wacholderbeere	wenig	F

Menge	Zutaten		
1 Zweig	Thymian	empfehlenswert	W
1 Zweig	Rosmarin	empfehlenswert	F
1 Stück	Karotte (Mohrrübe, Möhre)	empfehlenswert	E
1-2 TL	Bohnenkraut		W
daumengroßes	Ingwer frisch	empfehlenswert	M
2-3 Blatt	Lorbeerblatt		M
1-2 Streifen	Wakame	wenig	W

Kochanleitung:
Hülsenfrüchte wie Bohnen, Linsen, Erbsen oder Kichererbsen werden in reichlich kaltem Wasser mehrere Stunden bis zu 3 Tagen eingeweicht. Alle 8 Stunden sollte dabei das Wasser gewechselt werden. Danach Einweichwasser wegschütten und Hülsenfrüchte gründlich waschen.

Zubereitung:
Hülsenfrüchte mit frischem kaltem Wasser und einer Ingwerscheibe aufsetzen und zum Schäumen bringen. Ohne Deckel ca. 5 min kochen lassen, dabei den Schaum, der sich bildet abschöpfen. Erst danach folgende Zutaten geben: eine Zitronenscheibe oder Zitronensaft, Wacholderbeeren zerdrücken, Thymian; (ev. 1 Messerspitze Asafoetida bei großer Verdauungsschwäche). Bohnenkraut, Salbei, Wacholder, Bockshornkleesamen, Karotte, Lorbeerblätter, frischer Ingwer, Wakamealge zugeben.

Auf kleinster Flamme köcheln bis Bohnen oder Linsen die gewünschte Konsistenz haben.
Diese Basis kann 3-4 Tage im Kühlschrank aufbewahrt werden.

6.15 Humus

Stärken Milz und Herz, weicht auf, leitet nach unten. Befeuchtet, entspannt, baut Qi auf, verteilt. Nährt Blut. Nährt Blut und Leber, harmonisiert Leber und Milz, stärkt Sehkraft, bewahrt die Säfte, zieht zusammen.
Kalorien p. Portion 542
Kochdauer ca. 2 Stunden
Thermische Wirkung: kühl

Menge	Zutaten		
2 Tassen	Kichererbsen	empfehlenswert	W
1 TL zerrieben	Wakame	wenig	W
1/4 TL	Ingwer frisch	empfehlenswert	M
1 Prise	Rosmarin	empfehlenswert	F
1 EL	Sesam Paste (Tahini)	empfehlenswert	E
2 EL	Olivenöl	wenig	E
1 Spritzer	Zitrone Saft	weniger als angegeben	H

nach Bedarf	Wasser	ja	E
1 Zehe geschabt	Knoblauch	wenig	M
1 TL gehackte	Petersilie	empfehlenswert	H
1 Prise	Paprika	ja	E
1 Prise	Curcuma (Gelbwurz)	wenig	
1 Prise	Koriander	empfehlenswert	M
1 Prise	Kardamom		M
1 Prise	Chili (Schote oder gemahlen)	wenig	M
1 Prise	Pfeffer (gemahlen)	ja	M
1/2 TL	Salz Kräutersalz		W

Kochanleitung:
Kichererbsen über Nacht oder mind. 6 Stunden einweichen, Einweichwasser weg giessen, in frischem Wasser ca. 1 - 1 ½ Std. mit wenig Meeresalge und Ingwer kochen, erkalten lassen.
Würzen mit einigen Spritzern Zitronensaft, Petersilie.
Klein geschnittener oder gepresster Knoblauch mit Pfeffer würzen, je nach Belieben mehr oder weniger Koriander - und Kardamompulver, wenig Chili-Pulver. Tahin und Olivenöl hinzugeben.

Alle Zutaten zusammen pürieren. Je nach Konsistenz Wasser dazugeben. Es sollte eine geschmeidige Paste entstehen.
Auf Getreideküchlein, Cracker oder getoastetes Brot streichen oder zu Salat genießen.

6.16 Indische Dalsuppe

Reduziert innere Hitze und Feuchtigkeit, weicht auf, leitet nach unten. Stärkt Milz und Leber, reguliert Qi-Fluss, befeuchtet, entspannt, baut Qi auf, verteilt, stärkt Leber und Niere, reduziert feuchte Hitze.
Kalorien p. Portion 255
Kochdauer ca. 30 Min.
Thermische Wirkung: kühl

Menge	**Zutaten**		
175 g.	Linsen (Helmbohnen)	empfehlenswert	W
3 EL	Sesamöl	empfehlenswert	E
1 Stück	Karotte (Mohrrübe, Möhre)	empfehlenswert	E
1 Stück	Zwiebel Schalotte	ja	M
2 Tassen	Wasser	ja	E
2 Scheiben	Ingwer frisch	empfehlenswert	M
1 Prise	Salz	wenig	W
1 TL	Sojasauce	weniger als angegeben	W
1 TL gehackte	Petersilie	empfehlenswert	H
1 TL	Thymian	empfehlenswert	W
1 EL	Basilikum	empfehlenswert	M

Kochanleitung:
Linsen über Nacht einweichen; in einen heißen Topf Öl geben; Karotte, Zwiebel, etwas Ingwer andünsten mit Wasser aufgießen; Linsen zugeben und weich kochen; Salz oder Sojasoße zugeben und weitere 10 Minuten kochen; vor dem Servieren Petersilie unterheben; Thymian oder Basilikum drüberstreuen.

Variante: Andere Kräuter wie Salbei, Rosmarin oder Liebstöckel ermöglichen eine Vielfalt von Geschmacksnuancen.

6.17 Japanische Algensuppe

Stärkt Milz und Leber, reguliert Qi-Fluss, befeuchtet, entspannt, baut Qi auf, verteilt. Nährt Lunge und Milz, vertreibt Schleim, löst Schleim, löst Stagnation, leitet nach oben. Bewegt Qi und Yang.
Kalorien p. Portion 47
Kochdauer ca. 20 Min.
Thermische Wirkung: neutral

Menge	Zutaten		
25 g.	Wakame	wenig	W
1/2 Liter	Wasser	ja	E
1-2 Stk.	Zwiebel Schalotte	ja	M
50 g.	Rettich (weiß, grün, lila-rot)	ja	M
2 Stück	Karotte (Mohrrübe, Möhre)	empfehlenswert	E
2 EL	Miso		W
2 EL	Petersilie	empfehlenswert	H
1 EL geschnitten	Zwiebel Frühlingszwiebel	ja	M

Kochanleitung:
Wakame einige Minuten in Wasser einweichen, herausnehmen und das Wasser zum Kochen bringen. Fein geschnittene Zwiebeln und in feine Streifen geschnittene Wakame, Rettich und Karotten zugeben und weitere 10 Minuten köcheln. Miso in etwas abgekühltem Kochwasser lösen und am Ende dazugeben. Mit Petersilie und Frühlingszwiebeln bestreuen.

6.18 Karpfensuppe

Nährend und leicht erwärmend, stärkt die Mitte und den Unteren Erwärmer entfernt Feuchtigkeit.
Kalorien p. Portion 499
Kochdauer ca. 2 Stunden
Thermische Wirkung: neutral

Menge	Zutaten		
500 g.	Karpfen	empfehlenswert	W
1 Prise	Salz	wenig	W
1 TL	Essig (Apfelessig)	wenig	H
1 Zweig	Thymian	empfehlenswert	W
8 Stück	Wacholderbeere	wenig	F
2 Stück	Karotte (Mohrrübe, Möhre)	empfehlenswert	E
1 Stück	Lauch (Porree)	empfehlenswert	M
1 Stück	Zwiebel weiss	ja	M
1/2 TL	Ingwer frisch	empfehlenswert	M
3 Blatt	Lorbeerblatt		M
1/8 Liter	Weißwein	wenig	H
3 Blatt	Basilikum	empfehlenswert	M

Kochanleitung:
Vorbereitung: Beim Einkauf im Fischgeschäft die Filets von einem mittelgroßen, ganzen Karpfen herauslösen und Fischkopf, Rückgrat mit Gräten und Schwanz ebenfalls einpacken lassen.

Die Filetstücke in 1 cm große Würfel schneiden; etwas salzen und beiseite stellen.

Fischkopf, Rückgrat mit Gräten und Schwanz des Karpfens in reichlich kaltes Wasser geben; zum Kochen bringen und den Schaum abschöpfen; einen Spritzer Essig, einen frischen Zweig Thymian, Wacholderbeeren zufügen; Karotte, ein Stück Lauch und grob zerkleinerte Zwiebel hineingeben; eine dicke Scheibe Ingwer, einige Pfefferkörner, 1 Lorbeerblatt, Salz zugeben; etwa 1 1/2 Stunden köcheln und den Fond durch ein Sieb gießen.
Die Karpfenstücke in einen Topf geben; einen Schuß Weißwein zugießen; Rosenpaprika, Basilikumblättchen, fein gestiftete Karotten, getrockneten Thymian und den Fond zugeben und erwärmen; die Zutaten etwa 5 Minuten sieden lassen, bis die Fischstücke gar sind.
Varianten: Die Suppe mit Kuzu oder Kartoffelbrei andicken.
Dazu passt: Baguette und trockener Weißwein.

6.19 Kichererbsengemüse mit Rosinen

Stärkt Milz und Leber, reguliert Qi-Fluss, befeuchtet, entspannt, baut Qi auf, verteilt. Stärken Milz und Herz, weicht auf, leitet nach unten.
Wärmt Magen und Milz, harmonisiert den Darm, stärkt Qi-Funktion, reduziert Feuchtigkeit.
Kalorien p. Portion 429
Kochdauer ca.
Thermische Wirkung: kühl

Menge	Zutaten		
1 Tasse	Kichererbsen	empfehlenswert	W
1 EL	Hijiki		W
1 Prise	Salz	wenig	W
1 EL	Sonnenblumenöl	empfehlenswert	E
2 Stück	Karotte (Mohrrübe, Möhre)	empfehlenswert	E
2 EL	Rosinen	ja	E
1/2 TL	Ingwer frisch	empfehlenswert	M
1 Prise	Cumin (Kreuzkümmel)	ja	M
1 Schuß	Zitrone Saft	weniger als angegeben	H
1 EL	Sauerrahm 15% Fett	weniger als angegeben	H
1 Prise	Curcuma (Gelbwurz)	wenig	
1 Schuß	Sojabohnenmilch	wenig	E
1 Prise	Koriander	empfehlenswert	M
1 Schuß	Sojasauce	weniger als angegeben	W
1/2 Tasse	Reis Rundkornreis	empfehlenswert	M
3 Tassen	Wasser	ja	E
1 Prise	Salz	wenig	W

Kochanleitung:
Vorbereitung: Kichererbsen in kaltem Wasser mehrere Stunden oder über Nacht einweichen. Danach: Einweichwasser wegschütten; die Kichererbsen in kaltem Wasser aufsetzen; 1 EL Hijiki zufügen und die Kichererbsen bissfest kochen; Salz am Ende der Kochzeit zugeben.

Separat. In einer heißen Pfanne Öl, kleingeschnittene Karotten (eine größere Menge als Kichererbsen), Rosinen, geriebenen Ingwer, reichlich Cumin und Salz sanft braten, bis die Karotten halb gar sind; die Kichererbsen und Meeresalgen dazugeben; Zitronensaft, etwas Sauerrahm, Curcuma, Soja- oder Reismilch dazugeben; eine Prise Koriander, etwas Sojasoße untermengen; einige Minuten bei schwacher Hitze durchziehen lassen, bis die Karotten gar sind.

Rundkornreis mit dem Wasser aufsetzen, salzen und ca. 20 Min. kochen.

6.20 Klare Brühe aus Gänseklein

Stärkt Milz, Magen und Lunge, lindert Schwächezustände, stärkt Qi, beruhigt Magen. Bewegt Qi, leitet nach oben. Stärkt Milz und Leber, reguliert Qi-Fluss, befeuchtet, entspannt, baut Qi auf, verteilt.
Kalorien p. Portion 334
Kochdauer ca. 2-3 Stunden
Thermische Wirkung: warm

Menge	Zutaten		
500 g.	Gans (Gänseklein)	empfehlenswert	M
1 Stück	Karotte (Mohrrübe, Möhre)	empfehlenswert	E
1 Stück	Zwiebel Schalotte	ja	M
1 Stück	Lauch (Porree)	empfehlenswert	M
1 Zweig	Petersilie	empfehlenswert	H
1 Zweig	Liebstöckel	empfehlenswert	M
1 Prise	Kerbel		F
1 Liter	Wasser	ja	E
1 PriseSalz	wenig		W

Kochanleitung:
Gänseklein mit Gemüse und Kräutern 2-3 Stunden köcheln. Durch ein feines Tuch sieben und abkühlen. Entfetten und im Kühlschrank aufbewahren.

6.21 Klare Ochsenschwanzsuppe mit Bocksdornfrüchten

Stärkt das Qi; nährt das Leber-Blut; bei Augenflimmern oder trockenen Augen, Muskelverspannungen oder Wadenkrämpfen durch Blut-Leere.
Kalorien p. Portion 217
Kochdauer ca. 1-2 Stunden (+Grundrezept)
Thermische Wirkung: warm

Menge	Zutaten		
1 Liter	Grundrezept für eine Rinderbrühe	empfehlenswert	
500 g.	Rind Ochsenschwanzstücke		E
4-5 Stück	Shiitake, getrocknet	empfehlenswert	E
1 Stück	Zwiebel weiss	ja	M
2 EL	Sake	empfehlenswert	M
1/2 TL	Ingwer frisch	empfehlenswert	M
1 EL	Bocksdornfrüchte (Fructus Lycii) getrocknet		H

Kochanleitung:
Shiitakepilze einweichen. Ochsenschwanzscheiben blanchieren; dadurch werden Fett und Unreinheiten entfernt. In der Rinderbrühe weitere 1-2 Stunden kochen. Dann Frühlingszwiebeln, Shiitakepilze, Reiswein, Bocksdornfrüchte und Ingwer zugeben und alles sanft köcheln lassen.

6.22 Klassisches Ingwerhuhn mit Reiswein

Erwärmend und nährend, leitet das Qi nach oben stärkt die Libido.
Empfehlung: bei Qi- und Yang-Schwäche von Milz, Herz und Nieren, bei Lungen-Qi-Mangel, Feuchtigkeit; bei Abwehrschwäche, Kälteempfindlichkeit, Antriebsschwäche;
Kalorien p. Portion 357

Kochdauer ca. 30 Min.
Thermische Wirkung: warm

Menge	Zutaten		
3 EL	Butter Bio	empfehlenswert	E
2 EL	Ingwer frisch	empfehlenswert	M
1 Prise	Salz	wenig	W
2 Stück (Beine)	Huhn Fleisch	empfehlenswert	H
1 Schuß	Lycheelikör		F
1 Prise	Curry	weniger als angegeben	M
1 Schuß	Sake	empfehlenswert	M
4 EL	Mais	wenig	E
1/2 Tasse	Hirse	wenig	E
1 Prise	Salz	wenig	W
2 Tassen	Wasser	ja	E
1/2 Stück	Kopfsalat	weniger als angegeben	F
1 EL	Olivenöl	wenig	E
1 TL	Essig (Apfelessig)	wenig	H
2 EL	Wasser	ja	E
1 Prise	Salz	wenig	W
1 EL	Kräuter verschiedene		

Kochanleitung:
In einer heißen Pfanne (am besten aus Gusseisen oder Emaille) Butter erhitzen; reichlich kleingeschnittenen Ingwer (etwa 1 gehäuften EL pro Hühnerbein) bei niedriger Hitze kurz anbraten; etwas Salz, Hühnerschlegel und/oder andere Teile vom Huhn rundherum bei sanfter Hitze anbraten; Lycheelikör oder Ahornsirup, wenig Curry dazugeben und kurz mitbraten; reichlich Sake unterrühren; Maiskörner (aus dem Glas, Naturkosthandel) dazugeben; alle Zutaten in der Soße einige Minuten sieden lassen, bis das Fleisch gar ist; mit Salz abschmecken.

Dazu passt: Hirse, Blattsalat oder Kopfsalat.

6.23 Kompott aus Birnen

stärkt das Lungen Qi. Ideal als Kur im Herbst
Kalorien p. Portion 122
Kochdauer ca. 10 Min.
Thermische Wirkung: kühl

Menge	Zutaten		
300 ml.	Wasser	ja	E
4 Stück	Birne	empfehlenswert	E
1/2 TL	Anis (gemeiner Fenchel)	ja	E
1 Prise	Vanilleschote		E
ganz wenig	Chili (Schote oder gemahlen)	wenig	M
1 Prise	Kakao	wenig	F

Kochanleitung:
Birnen (BIO) mit Schale und Kernen mit Anis, Vanille, Chili weich kochen. Mit Kakao bestreuen.

6.24 Lammgeschnetzeltes mit Rosmarinkartoffeln

Stärkt Milz- und Nieren-Yang und Magen-Qi, lindert Schwächezustände, erwärmt Mittleren und Unteren Erwärmer. Stärkt Qi, lindert Entzündungen, befeuchtet, entspannt, baut Qi auf, verteilt.
Kalorien p. Portion 461
Kochdauer ca. 1 Stunde
Thermische Wirkung: warm

Menge	Zutaten		
450 - 500 g.	Lamm Fleisch	ja	F
2 EL	Olivenöl	wenig	E
1 Stück	Zwiebel weiss	ja	M
1 Zehe	Knoblauch	wenig	M
1 Prise	Muskatnuss	wenig	M
3 Stück	Karotte (Mohrrübe, Möhre)	empfehlenswert	E
1/4 Knolle	Sellerie Knolle	empfehlenswert	E
1 Zweig	Rosmarin	empfehlenswert	F
1 TL	Bohnenkraut		W
1 EL	Petersilie	empfehlenswert	H
1 Prise	Rosenpaprika		F
1/8 Liter	Rotwein	wenig	F
1 Prise	Salz Kräutersalz		W
1/2 Stück	Zitrone Saft	weniger als angegeben	H
1 EL	Preiselbeere	wenig	H
6 Stück	Kartoffel	empfehlenswert	E

Kochanleitung:
Lammhüfte in Streifen schneiden, Karotten und Sellerie in kleine Würfel schneiden

Olivenöl in Pfanne erwärmen, Lammfleisch darin anbraten, geschnittene Zwiebeln und Knoblauch dazugeben, Salzen mit Kräutersalz, ganz wenig Wasser, Petersilie, mit Rotwein ablöschen, würzen mit Paprika und klein geschnittenem Rosmarin, Beifuß, Bohnenkraut, Karotten und Sellerie dazugeben, Hitze zurückdrehen auf kleinem Feuer ca. 35 Minuten köcheln lassen. Nachwürzen mit Pfeffer und Muskat, evt. noch nachsalzen, wenig Zitronensaft dazugeben, nachwürzen mit Paprika, Preiselbeeren unterziehen
Kartoffeln in der Länge halbieren, wenig Olivenöl auf die Schnittfläche streichen, salzen, 2 - 3 Rosmarinnadeln auf jede halbe Kartoffel streuen, Kartoffeln auf Backblech stellen und im vorgeheizten Backofen ca. 25 Minuten auf 190 Grad backen.

6.25 Lauchsuppe mit Mandelmus

Bewegt Qi. Befeuchten Lunge und Dickdarm. Kühlt Hitze, bewahrt die Säfte, zieht zusammen. Stärkt Qi, stärkt Milz, lindert Entzündungen, befeuchtet, entspannt, verteilt.
Kalorien p. Portion 115
Kochdauer ca. 20 Min.
Thermische Wirkung: warm

Menge	Zutaten		
1/2 Liter	Wasser	ja	E
1 Prise	Zucker Ursüße (Zuckerrohr) süß	wenig	E
2 Stück	Lauch (Porree)	empfehlenswert	M
1 Prise	Salz	wenig	W
1/2 Stück	Zitrone Saft	weniger als angegeben	H
1 Zweig	Rosmarin	empfehlenswert	F
alternativ zu Rosmarin	Rosenpaprika		F
1/2 TL	Kuzu	wenig	E
1 EL	Kartoffelmehl		E
2 EL	Mandelmus	ja	E
einige Tropfen	Sesamöl	empfehlenswert	E
1 Prise	Pfeffer weiss (gemahlen)	ja	M

Kochanleitung:
In heißes Wasser eine Prise Vollrohrzucker geben, kleingeschnittenen Lauch und eine Prise Salz dazugeben; köcheln, bis der Lauch halb gar ist; mit Zitronensaft, frischem Rosmarin oder Rosenpaprika abschmecken; Kuzu, Kartoffelmehl separat in kaltem Wasser auflösen; die Suppe damit eindicken; Mandelmus, einige Tropfen geröstetes Sesamöl, Pfeffer dazugeben und köcheln, bis der Lauch gar ist.

Variante:
Champignons mitkochen; sie bauen Säfte auf und mildern die yangisierende Wirkung des Lauchs.

6.26 Linsen-Reis-Eintopf

Stärkt Milz und Leber, reguliert Qi-Fluss, befeuchtet, entspannt, baut Qi auf, verteilt. Wärmt Magen und Milz, harmonisiert den Darm, stärkt Qi-Funktion, reduziert Feuchtigkeit. Bewegt Leber-Qi, kühlt Hitze.
Kalorien p. Portion 232
Kochdauer ca. 25 Min.
Thermische Wirkung: warm

Menge	Zutaten		
100 g.	Linsen (Helmbohnen)	empfehlenswert	W
5 Tassen	Wasser	ja	E
1 Tasse	Reis Sorte beliebig	ja	M

1 EL	Sesamöl	empfehlenswert	E
2 Stück	Karotte (Mohrrübe, Möhre)	empfehlenswert	E
2 Stangen	Sellerie Stangensellerie	wenig	E
1 Prise	Cumin (Kreuzkümmel)	ja	M
1 Prise	Salz	wenig	W
1 Schuß	Essig (Apfelessig)	wenig	H
2 EL	Petersilie	empfehlenswert	H

Kochanleitung:
Linsen einweichen; in einem heißen Topf Sesamöl erhitzen; Karotte und Stangensellerie klein schneiden und andünsten; Reis, eine Prise Cumin und Linsen dazugeben und aufkochen; wenn die Linsen weich sind, Salz zugeben; mit etwas Essig abschmecken und mit Petersilie garnieren.

Variante: Im Sommer kann man das Cumin weglassen und frische grüne Erbsen, Chinakohl oder Stangensellerie dazunehmen.

6.27 Mungobohnen-Eintopf

Leitet überschüssige Hitze aus; ist sehr nahrhaft. Reduziert Hitze und Gift, weicht auf, leitet nach unten. Wärmt Magen und Milz, harmonisiert den Darm, stärkt Qi-Funktion, reduziert Feuchtigkeit.
Kalorien p. Portion 665
Kochdauer ca. 2 Stunden
Thermische Wirkung: kühl

Menge	**Zutaten**		
1/4 Kg.	Mungobohne	wenig	W
3 EL	Sonnenblumenöl	empfehlenswert	E
1/2 TL	Amaranth	weniger als angegeben	F
1/2 TL	Fenchelsamen gemahlen		E
1/2 TL	Cumin (Kreuzkümmel)	ja	M
1/2 TL	Koriander	empfehlenswert	M
1/2 Tasse	Reis Rundkornreis	empfehlenswert	M
3 Tassen	Wasser	ja	E
2 cm.	Ingwer frisch	empfehlenswert	M
3 cm.	Kombualge	wenig	W
1 Prise	Salz	wenig	W
1 EL	Petersilie	empfehlenswert	H

Kochanleitung:
Mungobohnen über Nacht einweichen; in einem heißen Topf Sonnenblumenöl erhitzen; Amaranth, Fenchelsamen, Cumin und Koriander einrühren und kurz anrösten; Basmatireis, etwas Ingwer und Mungobohnen zugeben und kurz rösten; Wasser aufgießen und alles aufkochen; ein Stück Kombu-Alge und Salz hineingeben. 1-1/2 Stunden köcheln; mit Petersilie oder Koriander grün garnieren.

6.28 Nierenbohneneintopf mit Lamm und Salbei

Nähren Yin von Herz und Niere. Stärkt Milz- und Nieren-Yang, stärkt Qi, erwärmt Mittleren und Unteren Erwärmer. Löst Stagnation, leitet nach oben. Befeuchtet, befeuchtet, entspannt, baut Qi auf, verteilt.
Kalorien p. Portion 391
Kochdauer ca. 1 1/2 Stunden
Thermische Wirkung: warm

Menge	Zutaten		
3 EL	Sojaöl	ja	E
2 Stück	Zwiebel weiss	ja	M
200 g	Lamm Fleisch	ja	F
4-5 Blätter	Salbei	wenig	F
1 Prise	Salz	wenig	W
1/2 TL	Rosmarin	empfehlenswert	F
1/2 TL	Thymian	empfehlenswert	W
250 g.	Nierenbohnen (rote)	empfehlenswert	W
3/4 Liter	Wasser	ja	E

Kochanleitung:
Nierenbohnen über Nacht in Wasser einweichen. In einem Topf Zwiebel mit Öl anrösten. Das Lamm in Würfel schneiden und in den Topf geben. Mit Salz, Salbei, Rosmarin und Thymian würzen. Lamm gut anrösten und Topf zudecken. Bei kleiner Flamme dünsten lassen und nach 10 min einen dreiviertel Liter kaltes Wasser dazu. Wieder etwas salzen. Zum Kochen bringen. Wenn das Wasser kocht, Bohnen dazu. Mind. 1 Stunde köcheln bis Bohnen und Fleisch weich sind.

6.29 Polenta mit Spiegelei

Nährend und leicht erwärmend, baut Qi auf. Stärkt Blut, Yin und Jing. Stärkt Magen-Qi, diuretisch, befeuchtet, entspannt, baut Qi auf, verteilt. Bewegt Qi, stärkt Säfteproduktion, reduziert Kälte-Übel.
Nicht: bei Feuchter Hitze der Gallenblase.
Kalorien p. Portion 410
Kochdauer ca. 15 Min.
Thermische Wirkung: warm

Menge	Zutaten		
2 Tassen	Wasser	ja	E
1 Tasse	Mais Grieß (Polenta)	wenig	E
1 Prise	Ingwer frisch	empfehlenswert	M
1/2 TL	Butter Bio	empfehlenswert	E
1 Prise	Pfeffer (gemahlen)	ja	M
1 Prise	Muskatnuss	wenig	M
1 Prise	Salz	wenig	W
1 Spritzer	Zitrone Saft	weniger als angegeben	H

1 Prise	Rosenpaprika		F
4 Stück	Huhn Ei	empfehlenswert	E
2 EL	Lauchzwiebel Schnittlauch	empfehlenswert	M

Kochanleitung:
In einen Topf mit heißem Wasser Polenta, etwas Ingwer kleingeschnitten einrühren; quellen lassen, bis die Polenta gar ist; ein Stück Butter, Pfeffer, Muskat, Salz, einige Spritzer Zitrone, eine Prise Rosenpaprika unterrühren; die Polenta in eine feuerfeste Schüssel geben; 1 Spiegelei pro Person draufsetzen; im Backofen einige Minuten überbacken, so dass das Eigelb noch flüssig ist; mit gemahlenem Pfeffer, Schnittlauch nach Belieben, fein geschnitten, mit etwas Salz bestreuen.

6.30 Putenbrust mit Gemüse (Asiatisch)

Stärkt Qi, Blut und Jing, Mittleren Erwärmer, stärkt Essenz, zieht zusammen. Wärmt Magen und Milz, harmonisiert den Darm, stärkt Qi-Funktion, reduziert Feuchtigkeit. Reguliert Qi, wärmt Milz und Niere, löst Stagnation, leitet nach oben.
Kalorien p. Portion 535
Kochdauer ca. 45 Min.
Thermische Wirkung: warm

Menge	**Zutaten**		
1 Tasse	Reis Sorte beliebig	ja	M
6 Tassen	Wasser	ja	E
200 g	Pute Brustfleisch	empfehlenswert	E
1 cm.	Ingwer frisch	empfehlenswert	M
1 Stück	Knoblauch	wenig	M
2 EL	Sojasauce	weniger als angegeben	W
2 TL	Weizen Mehl	wenig	H
2 Stück	Zwiebel Frühlingszwiebel	ja	M
1/2 Stück	Paprika	ja	E
8 Stück	Champignon	empfehlenswert	E
2 EL	Sesamöl	empfehlenswert	E
1 EL	Sojasauce	weniger als angegeben	W
1 Prise	Curry	weniger als angegeben	M
1 Prise	Kurkuma (Gelbwurz)		F
1 Prise	Chili (Schote oder gemahlen)	wenig	M
2 TL	Cashewnüsse	wenig	E

Kochanleitung:
Reis mit dem Salzwasser zustellen und garen.
Das Putenfleisch in schmale Streifen schneiden. Ingwer und Knoblauch schälen und würfeln. Zusammen mit den Fleischstreifen in eine Schüssel geben. 1 EL Sojasoße mit der Weizenstärke vermischen und glattrühren. Danach über das Fleisch geben und alles 30 Minuten

marinieren. Frühlingszwiebeln und Paprika waschen, putzen und in kleine Stücke schneiden. Die Champignons putzen und vierteln. Einen EL des Sesamöls in eine beschichtete Pfanne geben und das marinierte Putenfleisch scharf anbraten und warm stellen. Nun das restliche Öl in die Pfanne geben und das andere Gemüse darin anbraten. Nun das Fleisch dazugeben und mit Sojasoße und den Gewürzen abschmecken. Mit dem Reis anrichten. Die Cashewkerne vor dem Servieren über das Gericht streuen.

6.31 Quinoa mit Pfirsich

Nährt Blut und Säfte, bewegt Blut, baut Qi auf, verteilt. Stärkt Qi, trocknet aus, leitet nach unten. Stärkt Mittleren Erwärmer, befeuchtet.
Kalorien p. Portion 247
Kochdauer ca. 20 min.
Thermische Wirkung: warm

Menge	Zutaten		
1 Tasse	Quinoa	wenig	F
2 Tassen	Wasser	ja	E
2 TL	Honig	weniger als angegeben	E
2 Stück	Pfirsich	ja	E
2 TL	Leinöl		E
1 TL gehackte	Zitronenmelisse (frisch)		M
1 Prise	Chili (Schote oder gemahlen)	wenig	M
1 Prise	Zimtpulver	empfehlenswert	M
1 Prise	Vanille	empfehlenswert	E

Kochanleitung:
Am Abend: Quinoa in heißes Wasser und zugedeckt 15 bis 20 weich kochen.
In der Früh: Quinoa mit 1 El Wasser aufwärmen.
Pfirsiche in einem Topf leicht dünsten oder frisch dazu geben. Mit frischer Zitronenmelisse dekorieren.

Sommer: Nektarinen, Marillen
Winter: Eingelegtes Obst, Birne, Äpfel

6.32 Rasche Flocken mit Kompott oder Marmelade

Stärkt Qi, trocknet aus, leitet nach unten. Stärkt Mittleren Erwärmer, befeuchtet. Befeuchtet, entspannt, baut Qi auf, verteilt. Stärken Nieren-Qi, -Essenz und Gehirn, stärkt Niere. Wärmt Mitte.
Kalorien p. Portion 231
Kochdauer ca. 5 min.
Thermische Wirkung: warm

Menge	Zutaten		
5–7 EL	Quinoa	wenig	F
1/4 Liter	Wasser	ja	E
1 Tasse	Kirschenkompott		E
1 EL gerieben	Walnüsse	ja	E
1 EL	Olivenöl	wenig	E
2 EL	Honig	weniger als angegeben	E
1 Prise	Vanille	empfehlenswert	E
1 Prise	Anis (gemeiner Fenchel)	ja	E
1 Prise	Kardamom		M
1 Prise	Chili (Schote oder gemahlen)	wenig	M

Kochanleitung:
Flocken in eine Pfanne geben und mit Wasser aufgießen. 3-5 Minuten aufkochen, vom Feuer ziehen, Nüsse und Kompott dazugeben. Ein Schuß Öl dazugeben. Süßen nach Bedarf mit Honig, Vollrohrzucker oder Agavendicksaft.

Gewürze und Aromen : Vanille, Anis, Fenchel oder Koriander, Kardamom, wenig Chili
Winter: Apfelkompott, Birnenkompott, Früchtemarmelade
Sommer: Zwetschkenkompott, Marillenkompott

6.33 Reis mit gedämpftem Gemüse

Leitet Hitze und Feuchtigkeit aus
Kalorien p. Portion 92
Kochdauer ca. 20 min (+Grundrezept)
Thermische Wirkung: neutral

Menge	Zutaten		
1 Tasse	Grundrezept für eine Reissuppe	empfehlenswert	
3 Tassen	Wasser	ja	E
1 Stück	Zitrone Schale	wenig	F
1/8 Liter	Wasser	ja	E
2 Stück	Karotte (Mohrrübe, Möhre)	empfehlenswert	E
1/2 Stück	Sellerie Stangensellerie	wenig	E
1/2 Tasse	Champignon	empfehlenswert	E
2 EL	Kresse	empfehlenswert	M
1 Schuß	Leinöl		E

Kochanleitung:
Reis nach Grundrezept kochen. Zitronenschale mitkochen.
Wasser aufstellen und kleingeschnittene Karotten, Stangensellerie und Champignons in Gemüseeinsatz dämpfen bis sie weich sind.
Anschließend mit Kresse bestreuen. Dann ein Schuß hochwertiges kaltes Öl zugeben

6.34 Reis-Congee mit Honigbirne und schwarzem Sesam

Speziell bei Nieren Yin Mangel. Befeuchtet Lunge, kühlt Hitze, reduziert Lungenschleim, produziert Körpersäfte, befeuchtet, entspannt, baut Qi auf, verteilt. Befeuchtet Darm, nährt Yin.
Kalorien p. Portion 158
Kochdauer ca. 10 Min. (+Grundrezept)
Thermische Wirkung: neutral

Menge	Zutaten		
2 Tassen	Grundrezept für eine Reissuppe	empfehlenswert	
2 Stück	Birne	empfehlenswert	E
1 TL	Sesam, Schwarzer		H

Kochanleitung:
Reis-Congee nach Grundrezept kochen oder vorbereiteten verwenden.

Topf mit 3 cm Wasser befüllen und aufkochen lassen. Birnen vierteln (mit Haut und Kerne) und hineingeben und mit schwarzem Sesam 10 min zugedeckt köcheln lassen. Mit dem Reis mischen.

6.35 Reis-Congee mit Karotten und Fenchel

nährend baut Qi auf, stärkt die Verdauungsfunktionen
Kalorien p. Portion 131
Kochdauer ca. 2 Stunden und mehr
Thermische Wirkung: warm

Menge	Zutaten		
1/2 Liter	Grundrezept für eine Reissuppe	empfehlenswert	
2 Stück	Karotte (Mohrrübe, Möhre)	empfehlenswert	E
1 Stück	Fenchel	empfehlenswert	E
1 TL	Butter Bio	empfehlenswert	E
1/2 TL	Kardamom		M

Kochanleitung:
Reis-Congee nach Grundrezept kochen.

Hinweis:
Wenn Karotten und Fenchel von Anfang an mitgekocht werden, dienen sie der Bekömmlichkeit. Werden sie kurz vor Ende der Kochzeit zugegeben, bleiben Geschmack und Vitamine erhalten.

Vor dem servieren mit Butter und Kardamom verfeinern.

6.36 Reis-Congee mit Trockenfrüchten

Wärmt Magen und Milz, harmonisiert den Darm, stärkt Qi-Funktion, reduziert Feuchtigkeit. Nährt Blut und Yin, harmonisiert Lungen-Qi. Stärkt Qi und Nieren-Jing, befeuchtet, entspannt, baut Qi auf, verteilt.
Kalorien p. Portion 210
Kochdauer ca. 10 Min. (+Grundrezept)
Thermische Wirkung: warm

Menge	Zutaten		
4 Tassen	Grundrezept für eine Reissuppe	empfehlenswert	
1/2 EL	Butter Bio	empfehlenswert	E
6 EL	Aprikose getrocknet		E
1/2 Tasse	Wasser	ja	E
1 Schuß	Ahornsirup	wenig	E

Kochanleitung:
Reis-Congee nach Grundrezept kochen.

Etwas Butter bei kleiner Flamme zerlassen und klein geschnittene Trockenfrüchte mit 1/2 Tasse Wasser kurz darin dünsten. Die für die Mahlzeit gewünschte Menge an Reisbrei zugeben und erhitzen. Heiß servieren und bei Bedarf mit Ahornsirup nachsüßen.
Variante: Zusätzlich frisches Obst mit andünsten.

6.37 Reis-Congee mit zerstoßenen Walnüssen

Nährend und leicht erwärmend, erwärmt die Mitte baut Qi auf. Wärmt Magen und Milz, harmonisiert den Darm, stärkt Qi-Funktion, reduziert Feuchtigkeit.
Kalorien p. Portion 406
Kochdauer ca. 2 Stunden und mehr
Thermische Wirkung: warm

Menge	Zutaten		
4 Tassen	Grundrezept für eine Reissuppe	empfehlenswert	
2-3 EL	Zucker Ursüße (Zuckerrohr) süß	wenig	E
1 Tasse	Walnüsse	ja	E
1 Prise	Zimtpulver	empfehlenswert	M

Kochanleitung:
Grundrezept für Reissuppe (Congee) kochen
Hinweis: Die Walnüsse können von Anfang an mitgekocht werden.
Variante: Nach Belieben mit süßen oder pikanten Zutaten verfeinern. Insbesondere Zimt, Nelken, und Ingwer erhöhen die erwärmende Wirkung und die Bekömmlichkeit.

6.38 Reis-Dulse-Suppe

Stärkt Milz und Leber, reguliert Qi-Fluss, entspannt, baut Qi auf, verteilt. trocknet aus, leitet nach unten. Stärkt Magen-Qi. Wärmt Magen und Milz, harmonisiert den Darm, stärkt Qi-Funktion, reduziert Feuchtigkeit.
Kalorien p. Portion 190
Kochdauer ca. 5 min (+Grundrezept)
Thermische Wirkung: warm

Menge	Zutaten		
4 Tassen	Grundrezept für eine Reissuppe	empfehlenswert	
1/2 Liter	Grundrezept für eine Gemüsebrühe		
2 EL	Dulse (Lappentang)		W

Kochanleitung:
Eine Portion vorgekochtes Grundrezept für eine Reissuppe (Congee) mit vorgekochtes Grundrezept für eine Gemüsebrühe nahrhaft aufwärmen.

Dulse im Backofen bei 220 Grad 3 Min. backen. Die knusprige Dulse über die Suppe streuen.

6.39 Reisnudelsuppe mit Shiitakepilzen

Stärkt Milz und Leber, reguliert Qi-Fluss, entspannt, baut Qi auf, verteilt. trocknet aus, leitet nach unten. Stärkt Magen-Qi. Nährt Yin von Lunge, Magen und Dickdarm, unterstützt die Verdauung. Reduziert inneren Wind
Kalorien p. Portion 65
Kochdauer ca. 20 Min. (+Grundrezept)
Thermische Wirkung: neutral

Menge	Zutaten		
2 Handvoll	Reisnudeln	ja	M
4-6 Stück	Shiitake, getrocknet	empfehlenswert	E
2 Tassen	Grundrezept für eine Gemüsebrühe		
1 Tasse	Chinakohl	empfehlenswert	E
1 TL	Liebstöckel	empfehlenswert	M
2 EL	Miso		W

Kochanleitung:
Reisnudeln und Shiitakepilze getrennt in kaltem Wasser einweichen. Gemüsebrühe erhitzen und eingeweichte, in Streifen geschnittene Shiitakepilze zugeben und sanft köcheln. Chinakohl nudelig schneiden, Liebstöckelgrün und Reisnudeln dazugeben und kurz ziehen lassen. Vor dem Servieren in etwas abgekühltem Kochwasser gelöstes Miso einrühren.
Empfehlung: Geeignet zu Beginn jeder Mahlzeit, auch zum Frühstück

6.40 Reissuppe mit frischen Früchten

Stärkt Niere und Blase. Stärkt Qi und Nieren-Jing, befeuchtet, entspannt, baut Qi auf. Reduziert innere Hitze, produziert Körpersäfte. Stärkt Mitte, befeuchtet, entspannt, verteilt. Vertreibt Kälte, löst Stagnation, treibt Schweiß, regt Nerven an.
Kalorien p. Portion 143
Kochdauer ca. 1 1/2 Stunden
Thermische Wirkung: kühl

Menge	Zutaten		
1 Tasse	Reis Wilder (Naturreis)	ja	M
8 Tassen	Wasser	ja	E
2 Tassen	Apfel (süß)	wenig	E
1 EL	Butter Bio	empfehlenswert	E
1 Prise	Vanille	empfehlenswert	E
1 kleine Prise	Chili (Schote oder gemahlen)	wenig	M
2 TL	Zucker Ursüße (Zuckerrohr) süß	wenig	E

Kochanleitung:
Reis-Congee nach Grundrezept zubereiten. Am Ende klein geschnittene Früchte nach Saison, Vanille, Chili und Butter zugeben; nach Geschmack süßen.

Variante: Mit Nüssen kann das Gericht jederzeit reichhaltiger und sättigender gestaltet werden.

Wirkung: Gekochte oder gedünstete Früchte sind leichter verdaulich und wirken besser auf die Produktion von Körpersäften als rohe. Bei einigen Früchten, die sich besonders für heiße Tage im Sommer eignen - wie Melonen und Beeren-, empfiehlt es sich dennoch, die Früchte nur zum heißen Brei hinzuzufügen. Andere Obstsorten - wie Äpfel, Birnen, Pflaumen und Kirschen - können auch eine Weile mitgeköchelt werden

6.41 Reissuppe mit geraspelten Karotten und frischen Kräutern

Stärkt Milz und Leber, reguliert Qi-Fluss, befeuchtet, entspannt, baut Qi auf, verteilt. Stärkt Niere und Blase.
Kalorien p. Portion 131
Kochdauer ca. 5 min.
Thermische Wirkung: neutral

Menge	Zutaten		
1 Tasse	Reis Wilder (Naturreis)	ja	M
6 Tassen	Wasser	ja	E
1 Stück	Karotte (Mohrrübe, Möhre)	empfehlenswert	E

Menge	Zutaten		
1 Schuß	Sojasauce	weniger als angegeben	W
1 TL	Butter Bio	empfehlenswert	E
1 Prise	Kümmel		E
1 Prise	Curcuma (Gelbwurz)	wenig	
1 TL gehackt	Kräuter verschiedene		

Kochanleitung:
In einer Portion vorgekochtem Reis-Congee eine geraspelte Karotte weichkochen, Butter und Sojasauce dazugeben
Mit frischen Kräutern bestreuen

Gewürze und Kräuter : Schwarzkümmel, Kurkuma, Kardamom, Petersilie, Salbei, Thymian, Basilikum, Rosmarin

Wintereinstieg : Pastinaken, Sellerie, Zwiebel, Lauch, Kürbis
Sommereinstieg : Tomaten, Zucchini, Frühlingszwiebel, Radieschen, Rucola

6.42 Rettichgemüse mit Frühlingszwiebeln und Karotten

Nährend, befeuchtend und dynamisierend, bewegt Qi und Blut. Löst Stagnation, leitet nach oben. Stärkt Magen-Qi, diuretisch, befeuchtet, entspannt, baut Qi auf, verteilt. Reguliert Qi, wärmt Milz und Niere.
Kalorien p. Portion 246
Kochdauer ca. 30 Min.
Thermische Wirkung: neutral

Menge	Zutaten		
2 Stück	Karotte (Mohrrübe, Möhre)	empfehlenswert	E
1/2 Stück	Rettich schwarz	empfehlenswert	M
1 Messerspitze	Ingwer Pulver	wenig	M
1 Stück	Zwiebel Frühlingszwiebel	ja	M
1 Prise	Salz	wenig	W
1 Schuß	Sojasauce	weniger als angegeben	W
2 EL	Zitrone Saft	weniger als angegeben	H
1 Prise	Curcuma (Gelbwurz)	wenig	
1 Prise	Rosenpaprika		F
1 TL	Butter Bio	empfehlenswert	E
1/4 Liter	Wasser	ja	E
1 Tasse	Mais Grieß (Polenta)	wenig	E
1 Prise	Salz	wenig	W

Kochanleitung:
In heißem Wasser, in feine Streifen geschnittene Karotten, schwarzen oder weißen fein geschnitten Rettich, eine Msp. geriebenen Ingwer 10 Minuten dünsten; währenddessen kleingeschnittene Frühlingszwiebeln, Salz, Sojasoße, etwas Zitronensaft, eine Prise Kurkuma oder

Rosenpaprika und ein Stück Butter unterrühren.
Die Polenta in einen Topf mit heißem Wasser unter ständigem Rühren einrieseln bis die Polenta die gewünschte Konsistenz hat. Die Polenta vom Feuer ziehen und ca 10 min quellen lassen.

6.43 Rettichgemüse mit Meerrettich

Leicht erfrischend und befeuchtend löst Stagnation. Nährt Blut und Leber, harmonisiert Leber und Milz, stärkt Sehkraft, bewahrt die Säfte, zieht zusammen. Nährt Lunge und Milz, vertreibt Schleim, löst Schleim, löst Stagnation, leitet nach oben.
Kalorien p. Portion 196
Kochdauer ca. 30 Min.
Thermische Wirkung: neutral

Menge	Zutaten		
1 EL	Butter Bio	empfehlenswert	E
1/2 Stück	Rettich (weiß, grün, lila-rot)	ja	M
3 EL	Wasser	ja	E
2 EL	Zitrone Saft	weniger als angegeben	H
2 EL	Weißwein	wenig	H
1 Prise	Rosenpaprika		F
1 TL	Sesamöl	empfehlenswert	E
2-3 EL	Rettich Meerrettich (Kren)		M
1 Prise	Salz	wenig	W
1 Bund gehackte	Petersilie	empfehlenswert	H
1/2 Tasse	Reis Langkornreis	ja	M
3 Tassen	Wasser	ja	E
1 Prise	Salz	wenig	W

Kochanleitung:
In einer heißen Pfanne die Butter schmelzen, in Stifte geschnittenen Rettich andünsten. Mit kaltem Wasser aufgießen, Zitronensaft, Weißwein, eine Prise Rosenpaprika und das Sesamöl unterrühren; mit 2 - 3 EL frisch geriebenem Meerrettich (ersatzweise 1 TL aus dem Glas), Salz abschmecken; gehackte Petersilie drüberstreuen.

Reis mit dem Wasser aufstellen, salzen und ca. 15 Min. kochen lassen.

6.44 Rinderkraftbrühe

Erwärmend und nährend, baut Qi, Blut und Säfte auf.
Kalorien p. Portion 124
Kochdauer ca. 2-6 Stunden
Thermische Wirkung: warm

Menge	Zutaten		
1 Liter	Wasser	ja	E
2 Spritzer	Zitrone	weniger als angegeben	H
500 g.	Rind Fleisch	ja	E
2 Stück	Rind Fleischknochen	ja	E
gute Prise	Kurkuma (Gelbwurz)		F
2 Stück	Karotte (Mohrrübe, Möhre)	empfehlenswert	E
3 cm	Sellerie Knolle	empfehlenswert	E
1 Stück	Petersilienwurzel		E
1 Stück	Zwiebel weiss	ja	M
2-3 Blatt	Lorbeerblatt		M
1/2 TL	Koriander	empfehlenswert	M
2 cm.	Ingwer frisch	empfehlenswert	M
2 cm.	Wakame	wenig	W
1 Stiel	Petersilie	empfehlenswert	H

Kochanleitung:
Kaltes Wasser aufsetzen (soviel, dass das Fleisch eben bedeckt wird), einige Spritzer Zitronensaft, etwas Kurkuma, Rindfleisch und Knochen dazugeben; zum Kochen bringen und einen Moment sieden lassen; dann die ganze Brühe weggießen, den Topf säubern, Fleisch und Knochen mit heißem Wasser abbrausen (dadurch erspart man sich das Abschäumen) und erneut mit heißem Wasser (Menge nach Belieben) aufsetzen; eine gute Prise Kurkuma, Karotte, Sellerie, Petersilienwurzel in den Topf geben; Zwiebel, Lorbeerblätter, Koriander, ein Stück in Scheiben geschnittenen Ingwer, einen Streifen Wakame, einen Stiel Petersilie dazugeben; alles zusammen aufkochen und 2- 6 Stunden köcheln lassen (wenn das Fleisch anderweitig verwendet werden soll, nimmt man es nach 1 1/2 - 2 Stunden aus der Brühe, sobald es gar ist; die Knochen gibt man zurück in die Brühe); nach Ende der Kochzeit die Brühe durch ein Sieb geben und alle Zutaten wegwerfen.

Hinweise: Je länger die Brühe gekocht hat, um so erwärmender, aber auch nährender ist sie. Sie ist nach dem Abkühlen 3- 4 Tage im Kühlschrank haltbar. Die Brühe kann heiß getrunken werden oder die Basis für Suppen mit Getreide, Kartoffeln und frischem Gemüse bilden.

6.45 Rindfleischsuppe mit buntem Gemüse und Pilzen

Nährend und leicht erwärmend, baut Qi und Säfte auf. Stärkt Milz-Qi, stärkt Blut und Qi, entspannt, baut Qi auf, verteilt. Bewegt Qi und Blut, diuretisch. Nährt Lungen-Yin, produziert Körpersäfte.
Kalorien p. Portion 142
Kochdauer ca. 2-6 Stunden
Thermische Wirkung: warm

Menge	Zutaten		
3/4 Liter	Wasser	ja	E
1 Spritzer	Zitrone	weniger als angegeben	H
1 Prise	Rosenpaprika		F
500 g.	Rind Fleisch	ja	E
1 Tasse	Brokkoli geschnitten	empfehlenswert	E
1 Tasse	Kohlrabi gewürfelt	empfehlenswert	E
2 cm.	Ingwer frisch	empfehlenswert	M
2 EL	Oregano frisch		M
1 Spritzer	Sojasauce	weniger als angegeben	W
2 EL	Weißwein	wenig	H
4-6 Stück	Austernpilze	ja	E
3-4 EL	Chinakohl geschnitten	empfehlenswert	E
1 Prise	Pfeffer (gemahlen)	ja	M
2-3 Stück	Zwiebel Frühlingszwiebel	ja	M
1 Prise	Salz	wenig	W

Kochanleitung:
Wenig kaltes Wasser aufsetzen (soviel, dass das Fleisch eben bedeckt wird); einen Spritzer Zitronensaft, eine Prise Rosenpaprika, Rindersuppenfleisch oder Beinscheibe zum Kochen bringen und einen Moment sieden lassen; dann die Brühe weggießen, das Fleisch mit heißem Wasser abbrausen (dadurch erspart man sich das Abschäumen), den Topf säubern und erneut das Fleisch in heißem Wasser aufsetzen; kleingeschnittene Stiele vom Broccoli, kleingeschnittenen Kohlrabi, ein Stück in Scheiben geschnittenen Ingwer dazugeben; köcheln, bis das Fleisch gar ist; reichlich getrockneten Oregano,Sojasoße, Weißwein oder Zitronensaft, etwas Rosenpaprika oder frischen Oregano, in Streifen geschnittene Austernpilze oder Shiitakepilze dazugeben, die Röschen vom Broccoli, kleingeschnittenen Chinakohl hineingeben; köcheln, bis die Zutaten gar sind; gemahlenen Pfeffer, reichlich kleingeschnittene Frühlingszwiebeln zufügen; kurz sieden lassen, mit Salz, Zitronensaft abschmecken.

6.46 Rindfleischsuppe mit Karotten, Lauch, Lorbeer

Stärkt Milz-Qi, stärkt Blut und Qi, befeuchtet, entspannt, baut Qi auf.
Kalorien p. Portion 194
Kochdauer ca. 2-3 Stunden
Thermische Wirkung: warm

Menge	Zutaten		
1/2 Kg.	Rind Fleisch	ja	E
2 Stück	Karotte (Mohrrübe, Möhre)	empfehlenswert	E
1/2 Stück	Lauch (Porree)	empfehlenswert	M
3 Blätter	Lorbeerblatt		M
1 EL	Mais Grieß (Polenta)	wenig	E

| 1/2 Liter | Wasser | ja | E |
| 1 Prise | Salz | wenig | W |

Kochanleitung:
Wenig kaltes Wasser aufsetzen (soviel, dass das Fleisch eben bedeckt wird); Rindersuppenfleisch oder Beinscheibe zum Kochen bringen und einen Moment sieden lassen; dann die Brühe weggießen, das Fleisch mit heißem Wasser abbrausen (dadurch erspart man sich das Abschäumen), den Topf säubern und erneut das Fleisch in heißem Wasser aufsetzen; kleingeschnittene Karotte, Lauch, den Mais und Lorbeer hinzugeben; köcheln, bis das Fleisch gar ist.

6.47 Schwarzaugenbohnen-Eintopf

Wärmt Magen und Milz, harmonisiert den Darm, stärkt Qi-Funktion.
Stärken Magen, Milz und Niere.
Kalorien p. Portion 140
Kochdauer ca. 20 Min.
Thermische Wirkung: warm

Menge	Zutaten		
1 Tasse	Schwarzaugenbohnen	empfehlenswert	W
2 Tassen	Reis Sorte beliebig	ja	M
10 Tassen	Wasser	ja	E

Kochanleitung:
Bohnen über Nacht einweichen. In einem Verhältnis von 1:2 die Bohnen mit dem Reis zusammen weich köcheln. Je nachdem, wie heiß die Flamme ist und wie dünn das Gericht sein soll, muss mehr Wasser hinzugefügt werden.
Variante: In Öl angebratene Gemüse wie Karotten, Sellerieknolle, Zwiebeln oder Lauch dazugeben.

6.48 Süße Polenta mit Pfirsich

Nährend und erwärmend, harmonisiert die Mitte.
Kalorien p. Portion 330
Kochdauer ca. 20 Min.
Thermische Wirkung: warm

Menge	Zutaten		
2 Tassen	Wasser	ja	E
1 Tasse	Mais Grieß (Polenta)	wenig	E
1/2 TL	Butter Bio	empfehlenswert	E
1/2 TL	Gerstenmalz		E
1 Prise	Zimtpulver	empfehlenswert	M
1 Prise	Kardamom		M
1 Prise	Salz	wenig	W
1 Schuß	Zitrone	weniger als angegeben	H

2 EL	Rosinen	ja	E
bis bedeckt ist	Apfelsaft (Naturtrüb)	wenig	E
2 Stück	Pfirsich	ja	E
2 EL	Haselnüsse	empfehlenswert	E

Kochanleitung:
Wasser erhitzen;
Polenta mit einem Schneebesen einrühren und gar kochen; etwas Butter oder Sahne, Gerstenmalz oder Ahornsirup, Zimt, etwas Kardamom, eine kleine Prise Salz, einige Tropfen Zitronensaft dazugeben und alles gut durch rühren.
Separat ein Kompott zubereiten:
In einem heißem Topf Rosinen in etwas Apfel- oder Aprikosensaft einige Minuten köcheln; vollreife Pfirsiche kleingeschnitten dazugeben und erhitzen; über die auf Tellern angerichtete Polenta geben; mit gerösteten Nüssen nach Belieben bestreuen.

6.49 Süßreis mit Äpfel

Leicht erwärmend und nährend stärkt die Mitte.
Kalorien p. Portion 155
Kochdauer ca. 25 Min.
Thermische Wirkung: neutral

Menge	**Zutaten**		
1 Tasse	Reis Süßer	ja	M
6 Tassen	Wasser	ja	E
1 Tasse	Apfelsaft (Naturtrüb)	wenig	E
2 Stück	Apfel (süß)	wenig	E
2 Stück	Aprikose	ja	E
1 Prise	Zimtpulver	empfehlenswert	M
1 Prise	Kardamom		M
1 Messerspitze	Ingwer Pulver	wenig	M
1 Prise	Salz	wenig	W
1/2 in Stücke	Zitrone geschnitten	weniger als angegeben	H
1 Prise	Kakao	wenig	F
2 EL	Mandelmus	ja	E
1 EL	Gerstenmalz		E
2 EL	Haselnüsse	empfehlenswert	E

Kochanleitung:
In heißem Wasser Süßreis gar kochen. Danach: In einem heißen Topf Apfelsaft erhitzen; süße Äpfel kleingeschnitten, Aprikosen oder anderes süßes Obst (neutral oder warm), Zimt, Kardamom, Ingwer gerieben, eine kleine Prise Salz, geriebene Zitronenschale, wenig Kakao dazugeben und einige Minuten köcheln; den gekochten Süßreis, etwas Mandelmus, etwas Gerstenmalz unterrühren und erhitzen; mit gerösteten Nüssen bestreuen.

6.50 Tafelspitz nach klassischer Art

Stärkt Milz-Qi, stärkt Blut und Qi, befeuchtet, entspannt, baut Qi auf, verteilt. Stärkt Qi, stärkt Milz, lindert Entzündungen, befeuchtet.
Kalorien p. Portion 453
Kochdauer ca. 3 Stunden
Thermische Wirkung: warm

Menge	Zutaten		
1 Stück	Zwiebel weiss	ja	M
1 EL	Maiskeimöl		E
3 1/2 l.	Wasser	ja	E
2 Kg Tafelspitz	Rind Fleisch	ja	E
4-6	Rind Fleischknochen mit Mark	ja	E
1 Prise	Salz	wenig	W
15 Stk.	Pfeffer Körner	ja	M
1 Stück	Pastinake	empfehlenswert	F
2 Stück	Karotte (Mohrrübe, Möhre)	empfehlenswert	E
1 Scheibe	Sellerie Knolle	empfehlenswert	E
2 Stück	Petersilienwurzel		E
1/2 Stange	Lauch (Porree)	empfehlenswert	M
1 EL gehackte	Lauchzwiebel Schnittlauch	empfehlenswert	M
1 Kg	Kartoffel	empfehlenswert	E
2 EL	Sonnenblumenöl	empfehlenswert	E
1 Prise	Salz	wenig	W

Kochanleitung:
Zwiebeln halbieren, aber nicht schälen. Zwiebeln in einer Pfanne mit Fett an den Schnittflächen sehr dunkel bräunen. Fleisch und Knochen kurz mit warmen Wasser waschen, abtropfen lassen.
Wasser aufkochen, Fleisch einlegen und schwach wallend kochen. Aufsteigenden Schaum ständig abschöpfen. Sobald kein Schaum mehr aufsteigt, Pfefferkörner und die Zwiebel zugeben. Wurzelwerk und Lauch putzen und nach ca. zweieinhalb Stunden Garzeit zugeben. Tafelspitz noch eine weitere halbe Stunde köcheln lassen.
Tafelspitz aus der Suppe heben, durch ein Sieb gießen und mit Salz abschmecken. Wurzelwerk in mundgerechte Stücke schneiden. Gemeinsam mit den Markknochen in die Suppe geben und unter dem Siedepunkt ziehen lassen. Tafelspitz gegen den Faserlauf in fingerdicke Scheiben schneiden, in die Suppe legen, nochmals erhitzen, mit ein wenig Schnittlauch bestreuen.
Nebenbei die Kartoffeln in Salzwasser garen und schälen. Grob stampfen oder feinwüfelig schneiden. In einer Pfanne mit dem Öl knusprig anbraten.

6.51 Tee Longanetee

Stärkt Milz, baut Lunge auf, baut Herz auf, beruhigt Nerven.
Kalorien p. Portion -
Kochdauer ca. 10 Min.
Thermische Wirkung: warm
Therapeutisches Rezept

Menge	Zutaten		
2 TL	Longane	wenig	
1/2 Liter	Wasser	ja	E

Kochanleitung:
Wasser zum sieden bringen und wegstellen. Longane dazugeben und 10 min. ziehen lassen. Ev. mit Honig süßen. Beim eingießen abseihen.

6.52 Tee Thymian-Tee

Wandelt Schleim um, stärkt Lunge und Milz, leitet nach unten.
Kalorien p. Portion -
Kochdauer ca. 10 Min.
Thermische Wirkung: warm
Therapeutisches Rezept

Menge	Zutaten		
2 gehäufter TL	Thymian	empfehlenswert	W
1/2 Liter Wasser	Wasser	ja	E

Kochanleitung:
Das trockene Kraut wird mit kaltem Wasser zugestellt und einmal aufgekocht und abgeseiht.
2 bis 3 Tassen täglich schluckweise trinken

6.53 Tee Zimt

Erwärmt Magen und Milz, fördert Durchblutung und Leitbahnfluss, lindert Kälte-Übel und Schmerzen.
Kalorien p. Portion 2
Kochdauer ca. 15 Min.
Thermische Wirkung: heiß

Menge	Zutaten		
1/4 Stück	Zimtstange	empfehlenswert	M
1 Tasse	Wasser	ja	E

Kochanleitung:
Ein viertel Stange Zimt für eine Tass Tee. Kalt ansetzen und kurz aufkochen. 15 Minute ziehen lassen, dann abseihen.
Dieser Tee wird ungesüßt und schluckweise, langsam getrunken. Die Menge reicht für einen Tag.

6.54 Wärmender Haferflockenbrei

Stärkt Qi und Abwehrkraft.
Kalorien p. Portion 357
Kochdauer ca. 10 Min.
Thermische Wirkung: warm

Menge	Zutaten		
6 EL	Hafer Flocken (Vollkorn)	empfehlenswert	M
3 Stück	Feige getrocknet	empfehlenswert	E
1 Stück	Sternanis	ja	M
1 Prise	Ingwer frisch	empfehlenswert	M
1 Tasse	Wasser	ja	E
1 EL	Ahornsirup	wenig	E
1 EL gehackte	Walnüsse	ja	E

Kochanleitung:
Trockenfrüchte einweichen. Haferflocken trocken anrösten; Trockenfrüchte, Sternanis oder Zimt, etwas geriebenen Ingwer dazugeben und alles mit Wasser zu einem Brei kochen. Mit Ahornsirup süßen. Walnüsse rösten und vor dem Servieren drüberstreuen.

Wirkung: Eignet sich gut für die kalte Jahreszeit.
Vorsicht: Frischen Ingwer nicht über einen längeren Zeitraum trinken.

7 Wirkung der Lebensmittel

7.1 Zutaten verwenden: empfehlenswert

Barsch	121
Basilikum	27
Basilikum (frisch)	27
Birne	60
Birnensaft	68
Blumenkohl (Karfiol)	27
Bohnenöl	-
Brokkoli	33
Buchweizen (geröstet) Kasha	-
Buschbohnen	26
Butter Bio	754
Butterbohnen weiße	274
Champignon	27
Chinakohl	16
Dill	43
Erbse, grün	81
Erbsen	145

Erdnüsse	-
Erdnussöl	895
Feige	78
Feige getrocknet	239
Fenchel	31
Fischstücke gemischt (Süßwasser)	100
Flaschenkürbis	13
Forelle	105
Gans	342
Gans (Gänseklein)	354
Grundrezept für eine Reissuppe (Congee)	50
Grundrezept für eine Rinderbrühe (klar)	34
Hafer Flocken (Vollkorn)	399
Hafer Flocken geröstet	353
Hafer Schmelzlocken (Babynahrung)	399
Haselnüsse	656
Hering	234
Hirsch Fleisch	112
Huhn Ei	154
Huhn Fleisch	102
Huhn Leber	136
Huhn Magen	-
Ingwer frisch	49
Kaninchen Fleisch	154
Karausche	112
Karotte (Frühkarotte)	21
Karotte (Mohrrübe, Möhre)	41
Karottensaft ohne Zucker	41
Karpfen	127
Kartoffel	68
Kastanien (Maronen)	173
Kichererbsen	346
Kohlrabi	31
Koriander	321
Kresse	38
Kürbis	27
Kürbiskerne	597
Lauch (Porree)	75
Lauchzwiebel Schnittlauch	27
Liebstöckel	42
Lilienzwiebel	-
Limabohnen	80
Linsen (Helmbohnen)	110

Linsen gelb	77
Linsen schwarz	77
Malz	281
Margarine	720
Margarine (Diät)	720
Morchel (schwarz, getrocknet)	10
Nierenbohnen (rote)	314
Pastinake	22
Petersilie	53
Pfifferlinge/Eierschwammerl	12
Pinienkerne	674
Pintobohnen gesprenkelt	-
Pistazien	638
Pute Brustfleisch	102
Rapsöl	917
Reh Fleisch	160
Reis Rundkornreis	350
Reishi	27
Rettich schwarz	19
Rind Leber	121
Rindfleisch (Kalb)	137
Rosenkohl	29
Rosmarin	96
Rotkohl	18
Sake	24
Saubohnen (Dicke Bohnen)	309
Schwarzaugenbohnen	-
Schwarze Bohnen	-
Schwein Leber	124
Schwein Nieren	114
Sellerie Knolle	17
Sesam Paste (Tahini)	663
Sesamöl	896
Shiitake, getrocknet	355
Silbermorchel, getrocknet	-
Sonnenblumenkerne	524
Sonnenblumenöl	898
Stangenbohnen (Fisolen)	25
Steinpilz/Herrenpilz	20
Süßkartoffel	118
Thymian	-
Topinambur / Erdbirne	31
Trauben rot	73

Trauben weiß	73
Traubensaft rot	73
Traubensaft weiß	73
Vanille	-
Vanillepulver	-
Wachtel	175
Wachtel Ei	154
Wasser heiss	-
Weiße Bohnen	112
Weißkohl/Weißkraut	25
Weizenkeimöl	879
Wildschwein Fleisch	102
Wirsing/Grünkohl	22
Ysop	-
Zimtpulver	261
Zimtstange	261

7.2 Zutaten verwenden: ja

Aal	267
Adzukibohnen	263
Anis (gemeiner Fenchel)	378
Aprikose	42
Austernpilze	31
Bulgur (Getreide)	-
Couscous	345
Cumin (Kreuzkümmel)	411
Datteln getrocknet	325
Dinkel Brot	337
Dinkel Grieß	337
Dinkel Vollkornmehl	337
Fasan	143
Fencheltee	-
Garnele	101
Gerstengraupen	350
Graskarpfen	-
Hafer	389
Hafer Mehl	388
Hafer Milch	45
Hafer Schrot	389
Kirsche	63
Kirschsaft	58
Kürbiskernöl	830

Lachs	130
Lamm Fleisch	234
Lamm Knochen	-
Lamm Schulter	234
Linsen rot	77
Majoran	46
Mandelmilch	624
Mandelmus	624
Mandeln Marzipan	486
Marillen	55
Nelke	322
Okra	31
Oliven	352
Paprika	20
Pfeffer (gemahlen)	255
Pfeffer Cayenne	255
Pfeffer Körner	255
Pfeffer weiss (gemahlen)	255
Pfirsich	43
Pfirsich (Dose)	43
Quargel 20%	125
Radieschen	20
Reis Langkornreis	347
Reis Roter	-
Reis Schwarzer	-
Reis Sorte beliebig	351
Reis Süßer	-
Reis Vollkorn	353
Reis Wilder (Naturreis)	353
Reismalz	316
Reismehl	351
Reisnudeln	109
Rettich (weiß, grün, lila-rot)	19
Rind Filet	116
Rind Fleisch	148
Rind Fleischknochen	11
Rind Lunge (Kalb)	94
Rind Magen	94
Roggen	312
Roggenmehl	312
Rosinen	272
Sago (Getreide)	341
Senfsamen	-

Sojaöl 899
Sternanis .... -
Thunfisch 256
Umeboshipflaumen (Japanaprikosen) 29
Walnüsse 690
Wasser .... -
Zucchini 19
Zwiebel Frühlingszwiebel 28
Zwiebel rot 28
Zwiebel Schalotte 22
Zwiebel weiss 28

7.3 Zutaten verwenden: wenig

Ahornsirup 268
Apfel (sauer) 60
Apfel (süß) 60
Apfelsaft (Naturtrüb) 50
Artischocke 12
Austern 72
Bier (Altbier) 43
Bier (Pils) 40
Boxhornkleesamen .... -
Brombeere 29
Buchweizen .... -
Buttermilch 41
Calamari 88
Cashewnüsse 600
Chicorée 16
Chili (Schote oder gemahlen) 341
Chlorella (Süßwasser) .... -
Clementinen 48
Curcuma (Gelbwurz) .... -
Dinkel 320
Ente (Frühmastente, schlachtfrisch) 227
Ente (Herz) .... -
Erdbeere 37
Erdbeersaftgetränk 30
Essig (Apfelessig) 21
Estragon 52
Frischkäse 274
Gemüsesaft 18
Getreidekaffee .... -

Granatapfel	44
Grüner Tee	149
Hammel	107
Hase	153
Heidelbeere	37
Heidelbeersaft	37
Himbeere	34
Himbeere getrocknet (unreife)	-
Hiobsträne (Samen) YiYi Ren	-
Hirse	362
Hirseflocken	369
Hummer	90
Ingwer Pulver	295
Johannisbeere (rot)	45
Johannisbeere (schwarz)	54
Johannisbeere (weiß)	38
Kakao	372
Kamille	1
Kefir	50
Knoblauch	136
Kokosflocken	604
Kokosmilch	24
Kokosraspeln	604
Kombualge	-
Kuzu	342
Languste	-
Longane	60
Mais	375
Mais Grieß (Polenta)	345
Malventee	-
Melisse	-
Mohn	478
Mungobohne	273
Muskatnuss	518
Olivenöl	897
Oregano getrocknet	306
Pfeilwurzelmehl	-
Preiselbeere	46
Preiselbeersaft	23
Quinoa	343
Quitte	38
Radicchio	17
Römersalat/Lattich-Salat	-

Rotwein	77
Safran	349
Sahne, süß 30%	322
Salbei	315
Salz	-
Sardellen/Sardine	124
Sauerkirsche	58
Sauerkraut	-
Schaffleisch	307
Schafskäse	219
Schwarzwurzel	17
Sellerie Stangensellerie	17
Soja Tofu	72
Sojabohnen, Gelbe	418
Sojabohnen, Schwarze	418
Sojabohnenmilch	31
Stachelbeere	38
Topfen 20%	118
Topfen 40%	143
Wacholderbeere	362
Wakame	-
Weißwein	79
Weizen	321
Weizen Bulgurweizen	287
Weizen Flocken	321
Weizen Grieß	344
Weizen Grieß - Kindergrieß	344
Weizen Mehl	337
Ziege	307
Ziegen- und Schafsmilch	-
Ziegenkäse	396
Zitrone Schale	-
Zucker braun	406
Zucker Fructose Fruchtzucker	400
Zucker Glukose Traubenzucker	400
Zucker Milchzucker	400
Zucker Ursüße (Zuckerrohr) süß	400

7.4 Kontraindikativ wirkende Lebensmittel nicht verwenden

Agar-Agar, Agartang   Amaranth

Ananas
Ananas (aus der Dose)
Ananassaft ungezuckert
Aubergine
Avocado
Bambussprossen
Banane
Banane Kochbanane
Curry
Eisbergsalat
Endiviensalat
Feldsalat
Gänseei
Gerste
Grapefruit/Pampelmuse
Grapefruitsaft
Grünkern
Gurke
Hagebuttentee
Haifisch
Holunderblütentee
Honig
Honigmelone
Joghurt (Natur, 1,5 % Fett)
Joghurt (Natur, 3,5 % Fett)
Kabeljau
Kaffee
Kaninchen Leber
Karambole/Sternfrucht
Kaviar
Kiwi
Klettenwurzeltee
Kopfsalat
Krabbe
Kuhmilch (1,5 % Fett)
Kuhmilch (Vollmilch 3,5 % Fett)
Kumquat
Löwenzahn (junger)
Löwenzahnwurzeltee
Lychee
Lychee (Konserve)
Mandarine
Mango

Mangold
Maulbeerfrucht
Meeräsche
Meereskrebs
Miesmuscheln
Mozzarella
Mungobohnensprossen
Orange
Orangensaft
Papaya
Paprika (Rosenpaprika)
Parmesan
Pflaume
Piment
Rhabarber
Rucola (Rauke)
Sauerampfer
Sauermilch
Sauerrahm 15% Fett
Schafgarbentee
Schimmelkäse
Scholle
Schwarztee
Schwein Fleisch
Schwein Haxe (Eisbein)
Schwein Herz
Schwein Magen
Sojapaste (Miso)
Sojasauce
Spargel (grün oder weiß)
Spinat
Taube
Tintenfisch
Tomate
Wassermelone
Weißdorn
Weizen Bier
Weizenkleie
Yogitee
Zitrone
Zitrone Saft
Zitrone, Limette
Zucker (weiß, aus Rüben)

8 Therapeutische Kräuter und deren Wirkungen

Keine definiert

9 Kräuter aus den Rezepten und deren Wirkungen

9.1 Basilikum

Wirkt wohltuend bei Blähungen und Übelkeit, entkrampfend und beruhigend.
Trocknet aus, leitet nach unten.

9.2 Beifuß

Reduziert Blutungen, lindert Schmerzen. In der Küche wird Beifuß als Gewürz für fettes Essen benutzt. Da er viele Bitterstoffe enthält, kurbelt er die Fettverbrennung an und fördert die Verdauung.

9.3 Bohnenkraut

Magenstärkend und antibakteriell, beruhigend und appetitanregend.
Stärkt die Abwehr.
Tonisiert das Nieren-Yang, das Herz-Qi, den Magen und das Milz-Qi und erwärmt die Mitte, bewegt das Leber-Qi und das Blut, leitet Schleim und Kälte aus der Lunge, öffnet die Oberfläche, leitet Wind-Kälte aus.

9.4 Koriander

Fördert Verdauung.
Schweiß treibend, reduziert Wind.

9.5 Kresse

Harntreibend, unterstützt das Wasserlassen.
Bewegt Qi und Blut, diuretisch, kühlt bei innerer Hitze, befeuchtet Lunge, löst Stagnation, leitet nach oben.

9.6 Lauchzwiebel Schnittlauch

Bakterizid, beugt Krebs vor, stärkt Magensaftproduktion, fördert Verdauung und Durchblutung, fördert das Wachstum, löst Stagnation. Leitet nach oben.

9.7 Liebstöckel

Regt Verdauung an, reduziert Schmerzen.
Reduziert inneren Wind, Feuchtigkeit, löst Stagnation, leitet nach oben.

9.8 Lilienzwiebel

Beruhigt Nerven.

9.9 Majoran

Fördert Verdauung.
Löst Stagnation, leitet nach oben.

9.10 Makannasternsamen

Stärkt Milz, lindert Diarrhö, reduziert Ausfluss.

9.11 Oregano frisch

Fördert Verdauung
Trocknet aus, leitet nach unten.

9.12 Petersilie

Regt Leberfunktion an, entgiftet.
Nährt Blut und Leber, harmonisiert Leber und Milz, stärkt Sehkraft, bewahrt die Säfte, zieht zusammen.

9.13 Rosmarin

Fördert Verdauung, stärkt Lunge, Milz und Niere.
Trocknet aus, leitet nach unten. Stärkt Herz, Lunge und Milz-Qi, Stärkt Leber-Blut. Stärkt Herz-Yin. Vertreibt Milz Hitze/Kälte Feuchtigkeit. Stärkt Milz- und Nieren-Yang

9.14 Salbei

Trocknet aus, gegen Hefepilzinfektionen.

Vertreibt Schleim, leitet nach unten, Aktiviert Wei Qi, stärkt Qi.

9.15 Thymian getrocknet

Stärkt Lunge und Milz.

9.16 Yamswurzel, Yamswurzelknolle

Baut Lunge, Milz, Niere auf.

9.17 Zitronenmelisse (frisch)

Anregend, antibakteriell, aufmunternd, beruhigend, entspannend, krampflösend, kühlend, pilzhemmend, schmerzstillend, schweißtreibend, virushemmend, Erkältung, Fieber, Grippe, Husten, Bronchitis, Asthma, Appetitlosigkeit, Blähungen, Sodbrennen.

10 Grundlagen der Ernährung

Die hier beschriebenen Grundlagen der Ernährung zeigen allgemeine Empfehlungen und beziehen sich nicht auf eine spezielle Therapieform. Die Empfehlungen der Therapie haben Vorrang.

10.1 Ernährung

Die regelmäßige Einnahme von Mahlzeiten in entspannter Atmosphäre. Ein wärmendes Frühstück gilt als guter Start in den Tag. Mittags sollte die Hauptmahlzeit stattfinden - das Abendessen am frühen Abend.

Die Beachtung von Hunger- und Sättigungsgefühlen: Nicht überessen und nicht hungern, so lautet die Regel.

Die frische Zubereitung der Speisen aus naturbelassenen, regionalen Produkten. Tiefgekühlte, hitzekonservierte, industriell vorgefertigte oder mikrowellengegarte Lebensmittel werden abgelehnt.

Die Auswahl von Lebensmittel nach der Jahreszeit: Im Sommer mehr kühlende Nahrung, im Winter mehr wärmende Nahrung.

Mindestens zweimal am Tag Gekochtes essen. Speisen und Getränke sollen möglichst handwarm, niemals eiskalt oder heiß sein.

Rohkost, kurz gegartes Gemüse, frisch gepresste Säfte und Mineralwasser werden üblicherweise nicht empfohlen. Milch und Milchprodukte stehen nur dann auf dem Speiseplan, wenn sie problemlos vertragen werden.

Therapeutische Rezepte nicht über einen längeren Zeitraum ohne Rücksprache mit dem Arzt oder Therapeuten einnehmen.

1. Vielseitig essen
Lebensmittelvielfalt genießen. Merkmale einer ausgewogenen Ernährung sind abwechslungsreiche Auswahl, geeignete Kombination und angemessene Menge nährstoffreicher und energiearmer Lebensmittel. (Einerseits Schutz vor Unterversorgung mit essentiellen Nährstoffen und andererseits Schutz vor einer überhöhten Zufuhr unerwünschter Inhaltsstoffe.)

2. Reichlich Getreideprodukte - und Kartoffeln
Brot, Nudeln, Reis, Getreideflocken (am besten aus Vollkorn), sowie

Kartoffeln enthalten kaum Fett, aber reichlich Vitamine, Mineralstoffe, Spurenelemente sowie Ballaststoffe und sekundäre Pflanzenstoffe. Diese Lebensmittel sollten mit möglichst fettarmen Zutaten verzehrt werden.

3. Gemüse und Obst - Nimm "5" am Tag ...
5 Portionen Gemüse und Obst am Tag, möglichst frisch, nur kurz gegart, oder auch eine Portion als Saft – idealerweise zu jeder Hauptmahlzeit und auch als Zwischenmahlzeit: Damit werden reichlich Vitamine, Mineralstoffe sowie Ballaststoffe und sekundären Pflanzenstoffe (z.B. Carotinoiden, Flavonoiden) zugeführt. Das Beste, was man für die eigene Gesundheit tun kann.

4. Täglich Milch und Milchprodukte, ein- bis zweimal in der Woche
Fisch; Fleisch, Wurstwaren sowie Eier in Maßen. Diese Lebensmittel enthalten wertvolle Nährstoffe, wie z.B. Calcium in Milch, Jod, Selen und Omega-3-Fettsäuren in Seefisch. Fleisch ist wegen des hohen Beitrags an verfügbarem Eisen und an den Vitaminen B1, B6 und B12 vorteilhaft. Mengen von 300 - 600 g Fleisch und Wurst pro Woche reichen hierfür aus. Fettarme Produkte bevorzugen, vor allem bei Fleischerzeugnissen und Milchprodukten.

5. Wenig Fett und fettreiche Lebensmittel
Fett liefert lebensnotwendige (essenzielle) Fettsäuren und fetthaltige Lebensmittel enthalten auch fettlösliche Vitamine. Fett ist besonders energiereich, daher kann zu viel Nahrungsfett Übergewicht fördern, möglicherweise auch Krebs. Zu viele gesättigte Fettsäuren fördern langfristig die Entstehung von Herz-Kreislauf-Krankheiten. Pflanzliche Öle und Fette bevorzugen (z.B. Raps-, Oliven- und Sojaöl und daraus hergestellte Streichfette). Auf unsichtbares Fett achten, das in Fleischerzeugnissen, Milchprodukten, Gebäck und Süßwaren sowie in Fast-Food- und Fertigprodukten meist enthalten ist. Insgesamt 70 - 90 Gramm Fett pro Tag reichen aus.

6. Zucker und Salz in Maßen
Nur gelegentlich Zucker und Lebensmittel, bzw. Getränke verzehren, die mit verschiedenen Zuckerarten (z.B. Glucosesirup) hergestellt wurden. Kreativ mit Kräutern und Gewürzen und wenig Salz würzen. Jodiertes Speisesalz bevorzugen.

7. Reichlich Flüssigkeit
Wasser ist absolut lebensnotwendig. Jeden Tag rund 1-2 Liter Flüssigkeit trinken. Wasser (ohne oder mit Kohlensäure) und andere kalorienarme Getränke bevorzugen. Alkoholische Getränke sollten nicht konsumiert

werden.

8. Schmackhaft und schonend zubereiten
Die jeweiligen Speisen bei möglichst niedrigen Temperaturen garen, soweit es geht kurz, mit wenig Wasser und wenig Fett - das erhält den natürlichen Geschmack, schont die Nährstoffe und verhindert die Bildung schädlicher Verbindungen.

9. Sich Zeit nehmen und das Essen genießen
Bewusstes Essen hilft, richtig zu essen. Auch das Auge isst mit. Sich beim Essen Zeit lassen. Das macht Spaß, regt an, vielseitig zuzugreifen und fördert das Sättigungsempfinden.

10. Auf das Gewicht achten und in Bewegung
Ausgewogene Ernährung, viel körperliche Bewegung und Sport (30 bis 60 Minuten pro Tag) gehören zusammen. Mit dem richtigen Körpergewicht fühlt man sich wohl und fördert die Gesundheit.
Thermik, Wirkrichtung, Verdauungskraft
Es gibt unterschiedliche Kriterien, die Wirksamkeit von Kräutern und Lebensmittel zu beurteilen. Der Einsatz der Kräuter und Zutaten basiert auf Beobachtung, was die Lebensmittel, Kräuter und Gewürze nach ihrem Verzehr im Körper bewirken. In der Medizin hat sich daraus folgendes System entwickelt: Jede Zutat oder Kraut hat eine Wirkrichtung. Außerdem gibt es noch Kräuter, die eine besondere Wirkung auf bestimmte Organe haben.

Voraussetzung für einen gesunden Stoffwechsel ist es, darauf zu achten, dass wir ausreichend Energie aus der Nahrung gewinnen und der Verdauungsprozess so wenig Energie wie möglich verbraucht. Eine bekömmliche Mahlzeit macht zufrieden und satt, verursacht keine Blähungen und keine Müdigkeit nach dem Essen. Richtiges Würzen erhöht die Bekömmlichkeit unserer Speisen. Es genügen oft schon geringe Mengen an Kräutern und Gewürzen. Sie dienen nicht dazu, uns satt zu machen, sondern helfen unseren Verdauungsorganen, die Nahrung zu verdauen.

10.2 Rezepte

Die Rezepte zeigen Ihnen welche Zutaten verwendet werden, sowie mit der Kochanleitung wie diese zubereitet werden. Bei den Zutaten wird neben den Mengenangaben auch die Wichtigkeit für die Therapie, das Wärmeverhalten sowie das Element angezeigt. Wenn dabei angezeigt wird "weniger als angegeben" versuchen Sie diese Empfehlung einzuhalten oder eine Alternative aus der Liste der "Empfohlenen Lebensmittel" zu finden. Meistens ist es nur eine leichte geschmackliche Änderung wenn Sie diese Zutat gänzlich weglassen.

Schonende Kochmethoden: Kochen, dämpfen, pochieren, dünsten
Scharfe Kochmethoden: Grillen, rösten, anbraten, räuchern
Ausgeglichene Kochmethoden: Frittieren, Römertopf

Auf das Einfrieren und erwärmen in der Mikrowelle sollte verzichtet werden (Denaturierung).

10.2.1 Rezepte nach Folge der Elemente kochen

In der TCM werden die Zutaten der Rezepte möglichst in der Reihenfolge der Elemente verwendet, welches eine erhöhte Bekömmlichkeit und energetische Qualität ergibt. Den Beginn macht die Kochmethode mit der begonnen wird. Wird in einer Pfanne oder Topf etwas erwärmt ist das Element das Feuer. Diese 5 Elemente stehen in Beziehung zueinander und haben eine natürliche Reihenfolge, die den Jahreszeiten entspricht.
Metall - Wasser - Holz - Feuer - Erde.
So stärkt das jeweilige Element das das ihm nachfolgende. Die Zutaten können dann in Gruppen der jeweiligen Elemente beigegeben werden. Es sollten nach Möglichkeit immer alle 5 Elemente in einer Speise vorhanden sein. Das Element mit dem man aufhört, ist am wirksamsten. Das bedeutet, gebe Sie am Ende noch etwas Petersilie über das Gericht, hat es den größten Einfluss auf die Leber, da sowohl Petersilie als auch die Leber zum Holzelement zählen.

Wenn Sie nach dieser Methode kochen wollen, sollten Sie bei einem TCM-Ernährungsberater oder einem TCM-Kochkurs weitere Feinheiten kennen lernen. Grundlagen sehen Sie auf:
https://de.wikipedia.org/wiki/Fünf-Elemente-Lehre

Organ	Element
Leber, Galle	Holz
Herz, Dünndarm	Feuer
Milz, Magen	Erde
Lunge, Dickdarm	Metall
Nieren, Blase	Wasser

10.3 Lebensmittel

In der Traditionell Chinesischen Medizin werden alle Lebensmittel den 5 Elementen Holz, Feuer, Erde, Metall und Wasser zugeordnet.

Lebensmittel wirken wie Heilkräuter auf Körper und Geist, nur wesentlich sanfter. Die Ernährungsberatung stützt sich hauptsächlich auf heimische Lebensmittel. Das Wissen über die Wirkungsweisen jedes einzelnen Lebensmittels und das Wissen wann welche Lebensmittel zur Anwendung kommen, entstammt der Schulmedizin. Verwende Sie möglichst Erzeugnisse aus ökologischen-biologischem Landbau.

Da wegen der besseren Verdaulichkeit grundsätzlich alles lange gekocht und kaum roh gegessen wird, ist die Verträglichkeit hervorragend.

Die Einteilung der Lebensmittel entsprechend ihrer Wirkung auf den Körper und bildet die Basis, um einen ausgewogenen und harmonischen Gesundheitszustand im Körper zu erreichen.

Grundsätzlich empfiehlt die Ernährungsberatung keine bestimmten Lebensmittel für Jedermann. Ausschlaggebend für den individuellen Speiseplan ist vor allem die persönliche Konstitution.

Kaufen Sie nur frisches und reifes Obst und Gemüse ein. Braune Stellen, welke Blätter aber auch unreifes Obst und Gemüse sollten Sie im Supermarkt zurücklassen. Greifen Sie dann zu Tiefkühlware (keine Fertiggerichte!). Tiefkühlobst und -gemüse werden kurz nach dem Ernten schockgefroren und enthalten deshalb oftmals mehr Vitamine und Mineralstoffe, als die Ware aus der Obst- und Gemüsetheke! Konserven- und Dosenware dagegen enthält wesentlich weniger Biostoffe. Zudem werden Letztere meist mit Salz, Zucker usw. angereichert. Lassen Sie die Zutaten nach dem Waschen nie im Wasser liegen, denn so gehen viele Vitalstoffe ins Wasser über! Putzen Sie Salate, Früchte und Gemüse erst unmittelbar vor Verzehr.

Beachten Sie bitte die hygienische Verarbeitung der Lebensmittel. Waschen Sie Ihre Salate, Früchte und Gemüse gründlich. Bei Gerichten mit Fleisch bereiten Sie zuerst die Zutaten vor und verarbeiten dann die Fleischprodukte. Reinigen Sie danach die Arbeitsflächen und Werkzeuge besonders gründlich. Holzunterlagen sollten regelmäßig mit leichtem Desinfektionsmittel behandelt werden um die Keimbildung einzuschränken.

Bewahren Sie Obst und Gemüse möglichst getrennt voneinander auf. Auch geerntete Früchte und Gemüse leben und strömen z.B. Ethylengas aus, das andere Sorten schneller reifen und altern lässt. Fleisch und Fisch in der verschlossenen Verpackung lassen oder in luftdichten Boxen im Kühlschrank aufbewahren.

10.4 Kräuter

Bei der Aufbewahrung und Lagerung von Heilkräutern, müssen gewisse Grundregeln beachtet werden. Grundsätzlich müssen Heilkräuter geschützt vor direkter Sonneneinstrahlung, vor Feuchtigkeit und vor heißen Temperaturen gelagert werden.

Als Gefäße für die Lagerung von Heilkräutern können Gläser, Keramik-Behälter und zur Not auch Plastik-Dosen eingesetzt werden. Plastik ist aber ein sehr unreines Material und sollte daher wirklich nur eine kurzfristige Notlösung sein. Bei Glasbehältern ist darauf zu achten, dass dunkles Glas verwendet wird.

Heilkräuter können nicht beliebig lange aufbewahrt werden. Die Haltbarkeit von Heilkräutern ist auf jeden Fall begrenzt. Durch die Haltbarkeitsdauer kann durch sachgerechte Lagerung wesentlich erhöht werden. So soll der Lagerplatz dunkel, eher kühl und absolut trocken sein. Ein Medizinschrank aus Holz, der nicht direkt bei einer Wärmequelle platziert ist wäre ideal. Um Ihre Heilkräuter nicht wegwerfen zu müssen, kaufen Sie nicht zu große Mengen an Heilpflanzen. Beschriften Sie die Behälter mit dem Namen des Heilkrauts und dem Datum der Ernte bzw. der Verarbeitung.

11 Weitere Ernährungsvorschläge

Folgende Syndrome der Diätetik, der TCM oder als Therapieergänzung bei Krebs sind verfügbar.

DIÄTETIK
1. Ernährung des Säuglings - Beikost
2. Ernährung in der Stillzeit
3. Ernährung im Alter
4. Ernährung von Kindern und Jugendlichen
5. Ernährung von Sportlern
6. Leichte Vollkost
7. Schwangerschaft
8. Vollkost

Eiweiß und Elektrolyt – Nieren
9. (Hämo-)Dialysebehandlung
10. Akutes Nierenversagen
11. Chronische Niereninsuffizienz
12. Nephrotisches Syndrom
13. Nierensteine (Nephrolithiasis)

Gastrointestinaltrakt - Bauchspeicheldrüse
14. Akute Pankreatitis (Entzündung der Bauchspeicheldrüse)
15. Chronische Pankreatitis (Entzündung der Bauchspeicheldrüse)

Gastrointestinaltrakt - Dünndarm und Dickdarm
16. Akute Obstipation (Verstopfung)
17. Chronische Obstipation (Verstopfung)
18. Colon irritabile
19. Divertikulitis
20. Erworbene Laktoseintoleranz (Laktosemalabsorption)
21. Fruktosemalabsorption
22. Glutensensitive Enteropathie (Zöliakie)
23. Kolektomie
24. Kurzdarmsyndrom

Gastrointestinaltrakt - Leber, Gallenblase, Gallenwege
25. Akute und chronische Hepatitis (Entzündung der Leber)
26. Cholelithiasis (Gallensteine)
27. Fettleber
28. Leberzirrhose

Gastrointestinaltrakt - Magen und Zwölffingerdarm
29. Akute Gastritis
30. Chronische Gastritis
31. Magenblutung
32. Ulcus ventriculi und Ulcus duodeni
33. Zustand nach Magenoperation

Gastrointestinaltrakt - Mundhöhle und Speiseröhre
34. Mundschleimhautentzündung
35. Ösophaguskarzinom (Speiseröhrenkrebs)
36. Reflüxösophagitis (Sodbrennen)

spezielle Krankheiten
37. Phenylketonurie (PKU)

38. Rheumatische Gelenkserkrankungen
Stoffwechsel
39. Adipositas (Übergewicht)
40. Diabetes mellitus
41. Essstörungen (Untergewicht)
Fettstoffwechsel
42. Hypercholesterinämie (erhöhter Cholesterinspiegel)
43. Hepatische Enzephalopathie
Herz- und Kreislauf
44. Arteriosklerose (Arterienverkalkung)
45. Herzinsuffizienz
46. Hypertonie (Bluthochdruck)
47. Hyperurikämie und Gicht
veränderter Nährstoffbedarf
48. bei Fieber
49. bei malignen Erkrankungen
50. nach Verbrennungen
51. Strahlen- und Chemotherapie

KREBS
100. Bauchspeicheldrüse
101. Blasenkrebs
102. Blutkrebs (Leukämie)
103. Brustkrebs
104. Darmkrebs
105. Magenkrebs
106. Nierenkrebs
107. Speiseröhrenkrebs

TCM
200. Blase - Feuchte Hitze in der Blase
201. Blase - Feuchtigkeit und Kälte in der Blase
202. Blase - Leere und Kälte in der Blase
203. Dickdarm - äussere Kälte befällt den Dickdarm
204. Dickdarm - Feuchte Hitze im Dickdarm
205. Dickdarm - Hitze blockiert den Dickdarm II akut
206. Dickdarm - Trockenheit des Dickdarms
207. Dickdarm - Yang Mangel (Kälte)
208. Herz - Blut Mangel
209. Herz - Blut Stagnation
210. Herz - Feuer
211. Herz - Heisser Schleim verstopft die Herzporen
212. Herz - Kalter Schleim verstopft die Herzporen
213. Herz - Qi Mangel
214. Herz - Yang Mangel
215. Herz - Yin Mangel
216. Leber - aufsteigender Leber-Yang
217. Leber - Blut-Mangel
218. Leber - Blut-Stagnation
219. Leber - feuchte Hitze in Leber und Gallenblase
220. Leber - Feuer
221. Leber - Gallenblase Qi-Leere
222. Leber - Kälte im Lebermeridian

223. Leber - Qi-Stagnation
224. Leber - Wind
225. Leber - Wind mit aufsteigendem Leber Yang
226. Leber - Wind mit Blutleere
227. Leber - Wind mit extremer Hitze
228. Lunge - Qi Mangel
229. Lunge - Schleim-Feuchtigkeit in der Lunge
230. Lunge - Schleim-Hitze in der Lunge
231. Lunge - Schleim-Kälte in der Lunge
232. Lunge - Trockenheit der Lunge
233. Lunge - Wind-Hitze befällt die Lunge
234. Lunge - Wind-Kälte befällt die Lunge
235. Lunge - Yin Mangel
236. Magen - Blutstagnation
237. Magen - Feuer
238. Magen - Magenkälte mit Flüssigkeit
239. Magen - Nahrungsstagnation
240. Magen - Qi Mangel
241. Magen - rebellierendes Magen Qi
242. Magen - Yin Leere
243. Milz - Hitze und Feuchtigkeit befällt die Milz
244. Milz - Kälte und Feuchtigkeit befällt die Milz
245. Milz - Qi Mangel
246. Milz - Qi Mangel + Absinkendes MilzQi
247. Milz - Qi Mangel + Milz kontrolliert das Blut nicht
248. Milz - Yang Mangel
249. Niere - Herz und Niere kommunizieren nicht mehr
250. Niere - Jing Mangel
251. Niere - Nieren können das Qi nicht empfangen
252. Niere - Qi ist nicht fest
253. Niere - Yang Mangel
254. Niere - Yin Mangel

12 EBNS - Software für die Ernährungsberatung

Die Hauptaufgabe der Datenbank ist eine „**personalisierte Ernährungsberatung**" für jeden Patienten individuell. Die Datenbank wurde für die Diätetik und Traditionellen Chinesischen Medizin entwickelt. Sie Unterstützt bei der Ausbildung und Beratung im Arbeitsalltag.

Das Computerprogramm liefert Listen von Rezepten, Zutaten und Kräuter, welche dem Klienten mitgegeben werden. Individuell nach Patienten-Wunsch von Vollkost bis Vegetarier (Lacto-, Ovo-, ...) einstellbar. Zu jedem Register gibt es ein INFOBLATT welches einmal dem Klienten mitgegeben werden kann.

Die Syndrome sind kombinierbar und ergeben eine Schnittmenge der empfehlenswerten Rezepte und Zutaten. Die automatisierte Diagnose für die TCM ermöglicht Ihnen während der Ausbildung Ihre Erfahrungen zu überprüfen sowie im Arbeitsalltag ihre Diagnose zu bestätigen. Sie wählen mehrere vordefinierte Symptome und lassen sich vom Programm die relevanten Syndrome automatisch anzeigen.

Wie Sie mit der Datenbank arbeiten können:
Sie können alle Werte verändern, neue Symptome oder Syndrome anlegen, Rezepte entwickeln, verändern oder Zutaten und Kräuter an Ihre Erkenntnisse anpassen. In der einfachen Klientenverwaltung werden alle relevanten Daten zu der Person gespeichert. Sie bekommen einen Überblick über die zurückliegenden Diagnosen und die Entwicklung des Krankheitsverlaufes.

Als Berater sparen Sie viel Zeit, wenn Sie für die erkannten Syndrome die Rezept-, Lebensmittel- und Kräuterlisten ausdrucken und den Klienten mitgeben. Diese Zeit können Sie für das persönliche Gespräch nutzen.

Alle Rezept- und Lebensmittellisten können Sie auch als Kombination mehrerer Erkrankungen bestellen. Mit der Datenbank können Sie außerdem für jedes Rezept die Nährstoffe und Spurenelemente angezeigt bekommen und Rezepte für Syndrome selbst mit vorgeschlagenen Zutaten entwickeln.

Weitere Informationen finden Sie auf http://www.ebns.at.
Josef Miligui, Tel.: +43 660 121 05 00